罗马法民法大全翻译系列

CORPUS IURIS CIVILIS

DIGESTA

学说汇纂

（第六卷）

原物返还之诉

陈 汉 译

[意] 纪蔚民 校

中国政法大学出版社

OSSERVATORIO SULLA CODIFICAZIONE E SULLA FORMAZIONE DEL GIURISTA IN CINA NEL QUADRO DEL SISTEMA GIURIDICO ROMANISTICO

"Sapienza" Università di Roma Università della Cina di Scienze Politiche e Giurisprudenza (CUPL) Dipartimento Identità Culturale—C. N. R.

Volume stampato con il contributo dello stesso Osservatorio

De rei vindicatione
Traduzione in cinese con latino in confronto

A cura di Sandro Schipani
Ordinario di Diritto romano, "Sapienza" Universita'di Roma
Traduzione in cinese di Chen Han
Universita'di CUPL
Con collaborazione di Giuseppe Terracina
Ricercatore, Universita' di Roma "Tor Vergata"

序

《学说汇纂》第六卷是关于原物返还之诉的论述。该诉讼是保护所有权的主要程序性手段，其目的在于排除实际占有所有物的第三人对所有权造成的严重侵犯，以维护权利主体与权利客体间的人与物的关系。

此卷主要涉及下述问题：[1]

1. 原物返还之诉（D. 6, 1）。

（1）可以构成返还客体的物：原物返还之诉中物的种类：简单物，复合物，集合物；动产，不动产；可以成为私人财产的物（D. 6, 1, 1 ~ D. 6, 5, 3；D. 6, 1, 23, 1；D. 6, 1, 43；D. 6, 1,

---

[1] 我们注意到，任何一节的原始文献诸片段并没有统一地、系统地出现，而是由优士丁尼时期的法学家所组成的一个委员会对古典法时期的作品进行删选后排列〔对于此项工作，参见〔意〕朱塞佩·格罗索：《罗马法史》，黄风译，中国政法大学出版社1994年版；《罗马法研究扬弃优士丁尼〈学说汇纂〉以继续发展和解释罗马法体系》，曾健龙译，载徐国栋编：《罗马法与现代民法》（第6卷），厦门大学出版社2008年版〕，因此，对于所有主题的索引并不能完全系统化地进行罗列。

56）；某些特殊情况下，应返还之物的范围（D. 6,
1, 5, 4 ~ D. 6, 1, 8）；物的组成部分（D. 6, 1,
35, 3；D. 6, 1, 73；D. 6, 1, 76）。

（2）原告：取得或未丧失物的所有权的人（D.
6, 1, 23；D. 6, 1, 39 ~ 41；D. 6, 1, 50；D. 6,
1, 59；D. 6, 1, 61；D. 6, 1, 66 ~ 67；D. 6, 1,
72；D. 6, 1, 77）。[1]

（3）被告：事实支配某物之人，包括受令状保
护的物的占有人，以及在一些情况下单纯地持有某
物之人（D. 6, 1, 9；D. 6, 1, 27, 1；D. 6, 1,
36pr.；D. 6, 1, 55）；未占有某物却以占有人身份
应诉之人（D. 6, 1, 25 ~ D. 6, 1, 27pr.）；以欺
诈方式停止对某物的占有之人（D. 6, 1, 27, 3；
D. 6, 1, 36pr.；D. 6, 1, 52）；在对物之诉中，
被告可以放弃抗辩，从而避免应诉（D. 6, 1,
80）。

（4）物的返还：返还地点（D. 6, 1, 10 ~ D.
6, 1, 12）。返还标的，特别是：（i）孳息：仍然存

---

〔1〕 考虑到此诉的"实在性"，因此提起此诉的要求都是满足合理这样要件
的。

在或已被消耗；已被收取或依诚信原则应被收取
(D. 6, 1, 17, 1; D. 6, 1, 31~35, 1; D. 6, 1,
62; D. 6, 1, 64; D. 6, 1, 78~79）；(ii) 其它
收益 (D. 6, 1, 17, 1; D. 6, 1, 20; D. 6, 1,
42）；(iii) 费用 (D. 6, 1, 27, 5~30; D. 6, 1,
37~38; D. 6, 1, 48; D. 6, 1, 53; D. 6, 1,
65pr.）；(iv) 对因物的使用而在将来可能导致的责
任提供担保 (D. 6, 1, 18~19; D. 6, 1, 69）；
(v) 物的损害及其它形式的价值贬损 (D. 6, 1,
13~14; D. 6, 1, 17, 1; D. 6, 1, 27, 2; D. 6,
1, 57~58）。物的毁坏、被盗及其它无法返还原物
的原因 (D. 6, 1, 15, 1~D. 6, 1, 17; D. 6,
1, 21~22; D. 6, 1, 36, 1; D. 6, 1, 57~58;
D. 6, 1, 63）。

(5) 不返还所有物的情况下应支付的罚金 (D.
6, 1, 35, 2; D. 6, 1, 46~47; D. 6, 1, 68; D.
6, 1, 71）。

(6) 特定形式的执行 (D. 6, 1, 68）。

2. 普布里其之诉（又称"善意占有之诉"），即
对所谓的裁判官法上的所有权的保护 (D. 6, 2）。

（1）由裁判官创设的诉讼形式（D. 6, 2, 1pr.）。

（2）与原物返还之诉的相似性（D. 6, 2, 7, 6~7, 10）。

（3）该诉讼所针对的物（D. 6, 2, 9, 5；D. 6, 2, 11, 2~9；D. 6, 2, 12, 2~7；D. 6, 2, 13, 1）。

（4）原告：尚未时效取得物的所有权的占有人（取得时效尚未届满 D. 6, 2, 1, 1）；该物被交付给了原告，而后原告对之丧失了占有（D. 6, 2, 9；D. 6, 2, 12, 1；D. 6, 2, 15）；交付以转移所有权的正当理由（D. 6, 2, 1, 2~D. 6, 2, 7, 5；D. 6, 2, 12pr.；D. 6, 2, 13pr.；D. 6, 2, 14）；善意（D. 6, 2, 7, 11~17）。

（5）占有人与所有权人间的关系（D. 6, 2, 16~17）。

3. 税赋田之诉（D. 6, 3）。

尽管《学说汇纂》第六卷不是正面直接阐述所有权制度的具体内容，而是从权利保护的视角提出所有权人可资救济的诉讼程序，但是它触及并凸显了该制度的内核。

当然，为了从程序性保护的角度较为全面地把握所有权制度，需要结合阅读"对所有权的轻微侵犯"的相关篇章来理解本卷。在"对所有权的轻微侵犯"的案件中，需要考察的是被告是否享有对某物的使用、收益或实现担保的权利；与之相应，原告提起的是其它形式的对物之诉（旨在否定对方当事人享有上述权利）。这些内容在用益物权和担保物权部分有详尽的阐释（显著的例子是：D. 7, 6关于否定他人享有用益权的论述，D. 8, 5关于否定他人享有地役权的论述，以及J. 4, 6, 2所作的简洁概括）。

此外，还要将本卷与占有保护的相关内容联系起来理解。其一，虽然占有及对占有的保护是在《学说汇纂》的其它编中论述的（D. 41, 2；D. 43），但因占有具备补充性功能，故在该编中明文强调，在不冲突的情况下，物的所有权人亦可求助占有之救济（D. 6, 1, 24特别指出可援引D. 43, 16, 17, 31之规定）。其二，在许多场合，权利人还可以利用占有保护制度，排除他人对所有权的轻微侵犯，弥补上面提到的排除妨害之诉的功能缺失（主要参见D. 43）。

　　为全面把握所有权特别是土地所有权制度，还需要指出，在涉及相邻关系时，制度设计并非只单单考虑所有权人的利益。这方面的典型例子有：新施工告领（D. 39，1），要求邻人为可能坍塌的建筑提供担保（D. 39，2），请求邻人改变滴水流向（D. 39，3），防止暴力或隐瞒令状（D. 43，24）。

　　针对某物实施侵权行为引起的诉讼和上面提到的对物之诉之间存在结构上的差异。因为前者并非在所有权的权属或用益物权的特定内容和形式上存有争议，而是被告是否客观上使某物脱离了权利人或阻碍了权利人对该物的使用或收益。所以，侵权行为不是使原告拥有请求返还原物或排除妨碍之权利，而是构成以支付一定罚金为内容的债的渊源。此罚金的全部或部分被认为是对原告所受损失的赔偿。这里说的不法原因造成的损害，既包括第九卷规定的典型形式的损害，也包括其它特殊损害形式，像 D. 11，1，3 所规定的不当教唆他人奴隶所造成的损害。尽管返还所有物的对物之诉和产生于不法行为的赔偿之诉这两个诉讼之间存在概念上的本质差别，但基于诉讼经济的考虑，在这些不法行为案件中，原告可以一并提起这两个诉讼。

除了上述排除他人对所有权的侵犯的程序性保护外，
《学说汇纂》还向我们展示了所有权的各种取得方式。这
些内容集中于第四十一卷第一章以及第三～十章。我们
可以看到，只有在极个别的情况下，满足了苛刻的法律
要件，一方取得所有权，一方丧失所有权，所有权的保
护和所有权的取得才是两个相互对立的制度（优士丁尼
《法学阶梯》J. 2, 1, 11 至 J. 2, 1, 48 也论述了所有
权的各种取得方式）。

在物的确认方面，有时可能还需要对物进行展示
（D. 6, 1, 4; 23, 5, 6e; D. 10, 4）；当还涉及他人之
物时，可能还需要先划清物的边界（D. 10, 1）。

物还可以由数个人共有。共有及共有物的分割在
《学说汇纂》第十卷的第二章和第三章有所论述。

这一阡陌交错的制度体系好似搭建了一个权利的舞
台，作为主角的权利人时而取得所有物，时而对抗不同
强度的侵犯，维护他对所有物的支配关系。但是，精彩
纷呈的表演从不偏离权利取得与变更的永恒主题。我们
可以看到，所有权的制度内容是如此的错综复杂而严谨
缜密。

"所有权"是一个富有延展性、开放性，同时又不失

协调性的法学概念，是对众多复杂法律规则的精确提炼。在这个概念的统领下，《学说汇纂》不同篇章的相关片段组成了一个有机的体系，它们的零散分布不再成为被援引和使用的障碍。[1]

应特别指出的是，《学说汇纂》中所有权的这一体系特征，使得在不同的历史时期对这些片段有不同的解读。这些解读不断丰富和发展着片段的内涵。比如，对所有权的剥夺和限制，在十九世纪和个人主义罗马法学时期，法学家们一直都持非常谨慎的态度。可以说，如何全面理解"任何人不得滥用其物，乃公共利益之所在"（D. 1，6，2；J. 1，8，2）这一法律原则，还没有最终的答案。

原物返还之诉发端于早期罗马法中的对物的法律誓金之诉。盖尤斯的《法学阶梯》中有关于对物的法律誓金之诉的论述（Gai. 4，13ss.）。在当时，失去占有的原告向法官主张自己的所有权，被告反对原告的这一主张，声明该物属他所有（Gai. 4，16）；原告和被告二人均须

---

〔1〕　关于物权的若干原始文献已经由范怀俊翻译成中文，并以《民法大全选译》为名出版。该选译经过扩充，由费安玲教授重译和补译后于2009年在北京出版。

就自己对该物享有所有权提供证据。从公元前 3 世纪开始，该诉讼开始向裁判官法上的程式诉讼演变。

最终，形式烦琐的法律诉讼被简洁灵活的程式诉讼取代。根据一种比较权威的推测，裁判官为法官提供的书面训示大致是这样："提丘为法官。如果证实某物依据罗马城邦的法律应属奥罗·阿杰留所有，且未被按照判决返还给他，你，作为法官，应判处努梅留·内基多向奥罗·阿杰留支付与争议标的价值相当的钱款。若非事实，则开释被告。"[1]

可以看到，原先双方当事人均须就各自的权利主张提供证据的诉讼模式被超越了：现在，只有原告要就某物归其所有提出主张，并对此提供相应的证据。考虑到这样的话举证责任完全由原告承担，对那些丧失占有的原告，法律为他们提供了另外一种可能：可以通过保护占有的程序，起诉那些剥夺他们的占有的人，重新获得对物的占有，而无需证明自己是所有权人。在原告通过这种方法恢复对物的占有后，如果被告提起原物返还之诉，则此被告应就他对该物享有所有权提供证据。此外，

---

[1] 参见 O. Lenel, *Das Edictum Perpetuum*, Leipzig, 1927, Aalen 1974 年重新印刷，第 185 页。

他还需要先证明应返还之物的范围，必要时还要就返还之物进行公示。

被告应为物的占有人。对根据罗马法律合法占有某物之人——如保管人、借用人、承租人等——可否成为该诉讼的被告，曾存争议。后来比较成熟的标准是：适格的被告应是可以合法返还该物的占有人。法学家们还曾争论被告是否必须在诉讼开始和/或宣告判决之时占有争议之物。此外，如果被告并未真正占有争议之物，而只是为了让他人能通过时效取得该物而应诉，以致原告可能最终丧失所有权，被告将为这种以欺诈方式参加诉讼的行为承担与占有人同样的责任。还有，在原告将要起诉或诉讼进行当中，故意停止对物的占有的人像占有人一样承担责任。

如果法官认为原告提供的证据足以证明争议之物属原告所有，在判处被告支付钱款之前，他会先要求被告返还该物，并裁断应返还之物的范围。值得注意的是，正是在法官就应返还之物的范围进行裁断的过程中，关于物的存在形式、物的添附、物的孳息或其它收益、财产价值的增加或贬损，以及所遭受的损害、返还不能及其原因等具体制度才得以逐步完善。此外，被告是善意占有人还是恶意占有人，影响着返还的范围。但是，在诉讼开始后被告应知晓他可能要返还争议之物，所以从那时起即使是善意占有人也承担与恶意占有人相同的法律后果。

如果被告适当地返还了应返还之物，则获得开释。否则，法官将依据争议标的的价值判处被告支付钱款。这笔钱款的支付使得被告取得了对争议物的所有权，如同原被告双方从事了买卖活动。在罗马法中，只是极其例外的情况下，才对争议物强制执行。

普布里其之诉由裁判官创设。一个这种诉讼的程式的例子是："提丘为法官。奥罗·阿杰留占有他出于善意购买的某物已有一年（或两年），且该物的交付是基于正当理由；若根据罗马城邦的法律他可能对之享有所有权，而被告未按照判决返还给他，你，作为法官，应判处努梅留·内基多向奥罗·阿杰留支付与争议标的价值相当的钱款。若非事实，则开释被告。"[1] 普布里其之诉和原物返还之诉非常相似。但所有权的权属证明问题上，普

---

〔1〕 参见 O. Lenel, *Das Edictum Perpetuum*, Leipzig, 1927, Aalen 1974 年重新印刷，第 171 页。这里就不再讨论论文中引文和片段 D. 6, 2, 1pr.; 3, 7, 11 中的引文之间的差别了。

布里其之诉中采用了拟制原告已经通过时效取得所有权的方法。即是说，如果具备时效取得的其它法律要件，拟制尚未完成的时效期间已经届满。

多亏了这一法律上的拟制，尚未时效取得所有权的占有人，可以像真正时效取得所有权的人那样，恢复对争议物的占有。他不但可以使用保护占有的各种手段——在某些情况下，它们被优先考虑使用——而且，可以像真正的所有权人那样，对抗任何占有争议物的第三人。

普布里其之诉适用于下面两种特殊的情况：转让人没有所有权（即所谓的从非所有权人处取得），以及转让形式有瑕疵。但是，在第一种情况下，如果原告失去了占有，而新的占有人却是所有权人，普布里其之诉也无回天之力；因为真正的所有权人可以提出所有权抗辩（此时原告只能基于转让的法律关系，向转让人为一定请求）。相反，在第二种情况下，如果交付人在让渡所有权时明知转让形式具有瑕疵，原告可以提出欺诈抗辩。

保护税赋田上权利的对物之诉的程式内容可能大致是这样的："提丘为法官。如果证实奥罗·阿杰留以维诺萨自治市市民的身份对某块土地享有永佃权，且被告未依照判决将之返还给他，你，作为法官，应判处努梅留·内基多向奥罗·阿杰留支付与争议标的价值相当的钱款。若非事实，则开释被告。"[1] 税赋田之诉所做的制度革新不可谓不大。永佃权人获得了大于占有的保护，他可以在债权关系的基础上提起对抗任何人的对物之诉。

第六卷的着眼点是原物返回之诉。它被置于有关所有权诉讼的核心。以它为模式，设计出了其它的对物之诉。这样便构建成了一个物权的权利群。相应地，保护这些物权的诉讼也因其明显的同质性被归为一类（主要参见 Gai. 4，1ss. 和 J. 4，6，1）。

原物返还之诉体现了原告与某物之间法律上的直接关系："属于（某人所有）…根据城邦的法律"；根据该诉讼的程式内容，被告被判处罚金的前提是拒不返还争议物。该编第一章的最后一个片段（D. 6，1，80）明确体现了此类诉讼的这一特征。片段 D. 50，17，156 以更为优雅和简洁的语言表达道："不得强迫任何人违背其意志在对物之诉中为己辩护。"前文提到的可以合法返还争

---

[1]　参见 O. Lenel, *Das Edictum Perpetuum*, Leipzig, 1927, Aalen 1974 年重新印刷，第 186 页及后。

议物的适格被告，可以在争讼开始之前放弃辩护，即不充当被告人。这时法官就将该物直接交由原告，案件就此审结。之所以可以这样做，是因为对物之诉不像对人之诉（债务履行请求）那样，必须有对方的积极配合；在对物之诉中，以他人的消极不干涉，即不否定原告与某物之间的直接关系为已足。我们会发现——尤其在第八卷中——这不仅是原物返还之诉和所有权的本质元素，而且是各种对物之诉和全部物权的共有特征。从第三人不侵扰物的义务出发来建构物权的话，将忽略物权的本质第一特征，同时它也是第三人不侵扰的前提。[1]

　　将所有权的核心定位为此的同时，也留下了对其具体含义的研究的广阔空间，比如在本卷中，对物的财产性本质及围绕物的生产在罗马法中得到了发展：物的归属并不依照一个缺失的或者遥远的所有权模式，而是属于诚实的生产者或者勤勉的保管者。

　　还有必要指出的是，紧接着关于原物返还之诉的论述之后，就是有关源自裁判官法的普布里其之诉的内容。正因为有了对所有权本质特征的提炼，所有权的种类变得越来越丰富（例如，产生了所谓的裁判官法上的所有

---

〔1〕　参见格罗索：《罗马法中的物权问题》，都灵，1944 年。

权）。我们可以看到，在这个过程中，罗马法能够不断地
发展和完善自身体系，以满足不同的社会需求和解决不
断产生的具体问题。该体系的开放性和包容性，使得对
行省财产的保护也被纳入了对物之诉的范畴。盖尤斯
《法学阶梯》第二编第7段对行省财产有明确提及。根据
原始文献和这种财产权的具体权能，行省财产权可被正
确归纳为"合法使用、收益以及和平占有行省财产的权
利"。后来，尤其是在《优士丁尼法典》编撰活动中，行
省土地和意大利土地的法律地位趋于统一，行省财产制
度基本上被新的制度吸纳和取代了。

　　在这方面，还有必要说明一下本卷中关于税赋田上
权利（永佃权）的保护的论述。本章内容在第六卷的具
体位置引发了对这种新型物权归类的争议：是被归入到
了用益物权，还是像行省财产权那样，几乎被作为所有
权来对待。

　　在一篇短短的序言中即使只是想走马观花般地尽数
列举当代法学家们感兴趣的问题，也很难做到。中国前
几年刚刚通过物权法，它的立法功效怎样、哪些是对罗
马法系的丰富和发展，这些都有待进一步探讨。中国学

者在这方面的研究成果值得我虚心学习。[1] 然而由于能力有限，我本人实在很难做相似的工作。所以，在这里，对《学说汇纂》第六卷的解读我无法做到既全面，又能抓住中国学者的兴奋点。

本卷的中译本是由中国政法大学的陈汉博士从拉丁文翻译的。译文经过了纪蔚民博士的校对（就某些片段的法学问题，陈汉博士还与阿尔多·贝特鲁奇教授以及和我本人进行了商讨）。去年，陈汉博士在罗马出色地通过了博士论文答辩。今年他又重返罗马，从事本书的翻译以及侵权行为法的研究工作。所有这些均是"罗马法体系下中国的法典化研究及法学人才培养中心"主持的项目的一部分。该中心由罗马第一大学、罗马第二大学、意大利国家科研委员会、中国政法大学共同组建。在完成《民法大全选译》的翻译工作后，我们决定将《学说汇纂》全部由拉丁文翻译成中文。本卷的中译本是这一新的宏伟工程的阶段性成果。很荣幸能与中国的法学同

---

〔1〕 关于"罗马法体系下的中国法典化研究及法学人才培养中心"开展的活动，可以参见《罗马法体系与中国法，中国最新立法及其法典化：物权法》（桑德罗·斯奇巴尼、纪蔚民主编，罗马，2009 年）。该书收录了王利明、尹田、刘凯湘、苏号朋、费安玲、刘保玉、马新彦、徐涤宇这些中国学者的重要论文。我相信这种学术交流活动一定会继续深入开展下去。

仁通力合作，共同完成整个翻译计划。本书的出版得到了该研究中心的赞助，且适逢在北京召开第四届罗马法国际大会。本届会议的主题是："罗马法·中国法·法典化"，其中一个会议单元将集中讨论物权法，尤其是农村土地的相关问题。

桑德罗·斯奇巴尼
罗马第一大学罗马法教授
2009 年 7 月 17 日于罗马

译 者 说 明

为了尊重原作的历史风貌和给读者一个整体上的认识，就本卷《学说汇纂》的拉丁语版本、添加、译者注等问题，特做如下说明。

一、版本问题

1. 拉丁文原文的版本，来源于意大利罗马第一大学斯奇巴尼教授主编：《IUSTINIANI AUGUSTI DIGESTA SEU PANDECTAE》，MILANO-DOTT. A. GIUFFRE EDITORE-2005.

2. 此版本以蒙森版本（Corpus Iuris Civilis, Volumen Primmum, …Digesta, recognovit Theodorus Mommsen, Retractavit Paulus Krueger [edition stereotypa duodecima, 1911], rist. Hildesheim, 2000）为基础做了少量的修订而成。拉丁文注脚中对此版本与蒙森版本（注脚中以"Mo. –Kr."指代蒙森版本）的出入之处都逐一做了说明，说明符号表示如下：

< > 相对于蒙森版本添加的拉丁语字母或者词语。

〔 〕 相对于蒙森版本删除的拉丁语字母或者词语。

「 」相对于蒙森版本替换的拉丁语字母或者词语。

二、文中的标点符号问题

1. 优士丁尼《学说汇纂》成书时代并没有标点。蒙森版本的《学说汇纂》中，添加的是距今一百多年的德国式标点，与现代中文中的标点用法存在着一定的差异。因此，译文中的标点，与拉丁文中的标点没有完全一一对应，而是根据中文习惯做了调整。

2. 部分拉丁文片段结尾之处没有标点，或者是逗号，或者是冒号。这是因为这些片段并不完整，而是与其下一片段连在一起共同构成一个完整的表述。

三、中文的添加问题

在译文中，为了语句通顺、确切含义的目的，在译文中做了部分"添加"。添加的词语都用【】括起来，表示括号中的词在拉丁文中并没有完全对应的词，是作者的添加。

特此说明。

译 者

2009 年 9 月

目　录

Index

优士丁尼学说汇纂

第六卷

原物返还之诉

IUSTINIANI AUGUSTI DIGESTA SEU PANDECTAE

LIBER VI

DE REI VINDICATIONE

I
DE REI VINDICATIONE

D. 6. 1. 1pr.   *Ulpianus libro sexto decimo ad edictum*

Post actiones, quae de universitate propositae sunt, subicitur actio singularum rerum petitionis.

D. 6. 1. 1. 1

Quae specialis in rem actio locum habet in omnibus rebus mobilibus, tam animalibus quam his quae anima carent, et in his quae solo continentur.

第一节
论原物返回之诉

D. 6, 1, 1pr. 乌尔比安:《论告示》第 16 卷

在那些涉及【继承】物的集合之诉之后,随后的是关于涉及单个物的权利确认之诉。

D. 6, 1, 1, 1

此专门的对物之诉可适用于所有的可动物,包括有生命之物,也包括那些没有生命之物,同时也可以适用于那些附着于土地的物。

D. 6. 1. 1. 2

Per hanc autem actionem liberae personae, quae sunt iuris nostri, ut puta liberi qui sunt in potestate, non petuntur: petuntur igitur aut praeiudiciis aut interdictis aut cognitione praetoria, et ita Pomponius libro trigensimo septimo: nisi forte, inquit, adiecta causa quis vindicet: et [1] si quis ita petit "filium suum" vel "in potestate ex iure Romano", videtur mihi et Pomponius consentire recte eum egisse: ait enim adiecta causa ex lege Quiritium vindicare posse.

D. 6. 1. 1. 3

Per hanc autem actionem non solum singulae res vindicabuntur, sed posse etiam gregem vindicari Pomponius libro lectionum vicensimo quinto scribit. idem et de armento et de equitio ceterisque, quae gregatim habentur, dicendum est. sed enim gregem sufficiet ipsum nostrum esse, licet singula capita nostra non sint: grex enim, non singula corpora vindicabuntur.

---

[1] ⟨et⟩ vd. Mo-Kr. nt. 2.

D. 6, 1, 1, 2

然而，人们不能通过此诉来要求【返回】那些处于我们父权之下的自由人，比如说那些在父权之下的家子们；因此，【对这些人的父权的】主张或者通过预备诉讼，或者通过令状，或者通过裁判官的诉前审查程序（cognitione praeiudiciis）：这正如彭波尼在【《论告示》】第37卷【所写的】。他说："除非如果有人要求返还所有物并且说明了理由。"如果有人起诉，声称"根据罗马市民法，儿子【是】属于他的"或者"根据罗马市民法，儿子处于其父权之下"。我认为彭波尼也承认适用该诉是正确的；因为【彭波尼】认为在说明了理由的情况下，根据罗马市民法，人们也可以要求返还【一个自由人】。

D. 6, 1, 1, 3

通过本诉，不但可以要求返还单个物，而且可以要求返还一群羊：这是彭波尼在《诸课程》第25卷中的论述；同样，应当说对于牛群、马群以及所有那些蓄养的其它动物也一样：事实上只要羊群本身属于我们就足够了，即使有个别的不属于我们：因为要求返还的是羊群而不是单个的动物。

D. 6. 1. 2   *Paulus libro vicensimo primo ad edictum*

Sed si par numerus duorum interfuerit, neuter solidum gregem, sed ne partem dimidiam totius eius vindicabit. sed si maiorem numerum alter habeat, ut detracto alieno nihilo minus gregem vindicaturus sit, in restitutionem non veniunt aliena capita.

D. 6. 1. 3pr.   *Ulpianus libro sexto decimo ad edictum*

Marcellus libro quarto digestorum scribit: qui gregem habebat capitum trecentorum, amissis centum redemit totidem capita aliena ab eo, qui dominium eorum habebat vel aliena ab eo, qui bona fide ea possidebat: et haec utique gregis, inquit, vindicatione continebuntur. sed et si ea sola supersint capita, quae redempta sunt, adhuc eum posse gregem vindicare.

D. 6. 1. 3. 1

Armamenta navis singula erunt vindicanda: scapha quoque separatim vindicabitur.

D. 6，1，2　保罗：《论告示》第21卷

但是，如果两人曾经【对羊群】拥有相同数目的羊，他们中的任何一位都不能要求返还整个羊群，也不能要求返还羊群的一半。但是如果两位中的一位对【羊群】拥有大部分的份，便是除去那些属于他人的牲畜，他仍然可以要求返还羊群，而那些属于他人的不在返还之列。

D. 6，1，3pr.　乌尔比安：《论告示》第16卷

马尔切罗在《学说汇纂》第四卷中写道：某人曾经拥有三百头羊的羊群，丢失了一百头，他又重新购买了相同数量的羊。无论出售人是真正的所有权人还是【所出售羊群的】善意占有人，【马尔切罗】说这些【新购买的】也无疑包括在要求返还的羊群之列。实际上，即使【该羊群】只剩下那些后来重新购买的羊了，他仍然可以要求返还羊群。

D. 6，1，3，1

对于轮船的设备应该单独地要求返还；小艇也要被单独地请求返还。

D. 6. 1. 3. 2

Pomponius scribit, si quid quod eiusdem naturae est ita confusum est atque commixtum, ut deduci et separari non possit[1], non totum sed pro parte esse vindicandum. ut puta meum et tuum argentum in massam redactum est: erit nobis commune, et unusquisque pro rata ponderis quod in massa habemus vindicabimus, etsi incertum sit, quantum quisque ponderis in massa habet.

D. 6. 1. 4 *Paulus libro vicensimo primo ad edictum*

Quo quidem casu etiam communi dividundo agi poterit: sed et furti et ad exhibendum tenebitur, qui dolo malo confundendum id argentum curavit: ita ut in ad exhibendum actione pretii ratio haberi debeat, in vindicatione vel communi dividundo actione hoc amplius ferat, cuius argentum pretiosius fuerat.

D. 6. 1. 5pr. *Ulpianus libro sexto decimo ad edictum*

Idem Pomponius scribit: si frumentum duorum non voluntate eorum confusum sit, competit singulis in rem actio in id, in quantum paret in illo acervo suum cuiusque esse: quod si voluntate eorum commixta sunt, tunc communicata videbuntur et erit communi dividundo actio.

---

[1] ⌈ possint ⌉ vd. Mo-Kr. nt. 6.

D. 6，1，3，2

彭波尼写道：如果某类同一性质的物被融合或者混合在一起以至于不能将之区分或者分割开来，那么不能要求对整个物进行返还，而只能对【相应的】部分要求返还：如果我的银块和你的银块被熔为了一个银团，那么它将是属于你与我的共有物，我们中的任何一位都只能根据我们的重量【决定的份额】被授予要求返还的诉权，即使在每个人的份额不能确定的情况下也是如此。

D. 6，1，4 保罗：《论告示》第21卷

在这种情况下，也可以提起共有物分割之诉。如果有人故意地将银块熔合，既可以向其提起盗窃之诉，也可以向其提起出示之诉（actio exhibendum）：这样在出示之诉中应该考虑物的价值，【而】在返还之诉和共有物分割之诉中可以考虑哪一位的银块价值大。

D. 6，1，5pr. 乌尔比安：《论告示》第16卷

同一位彭波尼写道：两个人的小麦并非出于其的意愿而被堆在了一起，任何一位都有权就他认为在混杂而成的那堆麦子中属于他的那部分提起对物之诉。但是如果混合是出于其意愿而形成的，那么只能将这些麦子视为共有物，只能提起共有物分割之诉。

D. 6. 1. 5. 1

Idem scribit, si ex melle meo, vino tuo factum sit mulsum, quosdam existimasse id quoque communicari: sed puto verius, ut et ipse significat, eius potius esse qui fecit, quoniam suam speciem pristinam non continet. sed si plumbum cum argento mixtum sit, quia deduci possit, nec communicabitur nec communi dividundo agetur [1] agetur autem in rem actio. sed si deduci, inquit, non possit, ut puta si aes et aurum mixtum fuerit, pro parte esse vindicandum: nec quaquam erit dicendum, quod in mulso dictum est, quia utraque materia etsi confusa manet tamen.

D. 6. 1. 5. 2

Idem scribit, si equam meam equus tuus praegnatem fecerit, non esse tuum, sed meum, quod natum est.

D. 6. 1. 5. 3

De arbore, quae in alienum agrum translata coaluit et radices immisit, Varus et Nerva utilem in rem actionem dabant: nam si nondum coaluit, mea esse non desinet.

---

[1] [quia separari potest] vd. Mo-Kr. nt. 9.

D. 6, 1, 5, 1

同一法学家写道：如果我的蜂蜜和你的葡萄酒合成了蜜酒，有些【法学家】认为在这种情况下的混合也构成共有。然而我则持另外一种观点，正如【彭波尼】自己也声称，即蜜酒应该归那个制作者所有，因为它已经不再是原先的那种形式状态了。但是如果将铅和铜熔合在一起，由于它们还是可分的，所以两者合为一体不会构成共有，也不能因为它们可以分离而适用共有物分割之诉：相反，应该适用要求原物返还的对物之诉。但是，他说道，如果不能【将最初的物】分离出来，比如说铜与金被熔合在一起了，那么应该要求返还其原本应有的那部分；这也不适用上述蜜酒的规则，因为这两种物质虽然被合为一体了，但是还是保持其原来的性质不变。

D. 6, 1, 5, 2

同一位【法学家】写道：如果你的雄马使我的母马受孕，因此所生的【小马】不归属于你而属于我。

D. 6, 1, 5, 3

对于被移植到他人土地上的树木，已经扎根长出根须了，瓦鲁斯（Varus）和涅尔瓦（Nerva）赋予树的主人扩用的对物之诉权：因为如果还没有扎根，则还是属于我的，【因而我可依据市民法提起对物诉讼】。

D. 6. 1. 5. 4   *Ulpianus libro sexto decimo ad edictum*

Cum in rem agatur, si de corpore conveniat, error autem sit in vocabulo, recte actum esse videtur.

D. 6. 1. 5. 5

Si plures sint eiusdem nominis servi, puta plures Erotes, nec appareat de quo actum sit, Pomponius dicit nullam fieri condemnationem.

D. 6, 1, 5, 4

在提起【要求原物返还的】对物之诉时，即使弄错了【要求返还之物的】名称，如果清楚具体对象，一般认为诉讼被正确地提起了。

D. 6, 1, 5, 5

如果若干奴隶同名，比如说有几个厄若特斯（Erotes），不能确定诉讼针对哪一个，彭波尼说，不能做出任何不利被告的判决（condemnationem）。

D. 6. 1. 6   *Paulus libro sexto ad edictum*

Si in rem aliquis agat, debet designare rem, et utrum totam an partem et quotam petat: appellatio enim rei non genus, sed speciem significat. Octavenus ita definit, quod infectae quidem materiae pondus, signatae vero numerum, factae autem speciem dici oportet: sed et mensura dicenda erit, cum res mensura continebitur. et si vestimenta nostra esse vel dari oportere nobis petamus, utrum numerum eorum dicere debebimus an et colorem? et magis est ut utrumque: nam illud inhumanum est cogi nos dicere, trita sint an nova. quamvis et in vasis occurrat difficultas, utrum lancem dumtaxat dici oporteat an etiam, quadrata vel rutunda, vel pura an caelata sit [1], quae ipsa in petitionibus quoque adicere difficile est. nec ita coartanda res est: licet in petendo homine nomen eius dici debeat et utrum puer an adulescens sit, utique si plures sint: sed si nomen eius ignorem, demonstratione eius utendum erit: veluti "qui ex illa hereditate est", "qui ex illa natus est". item fundum petiturus nomen eius et quo loci sit dicere debebit.

---

[1]   ⌜sint⌝ vd. Mo-Kr. nt. 13.

D. 6，1，6　保罗：《论告示》第6卷

如果有人提起对物之诉，则应该指明该物并且【说明】是要求通过诉讼返还【物之】全部或者部分或者多少；因为，这里所说的"物"，不是指种类物，而是指特定物。渥塔维诺（Octavenus）这样明确表述道：对于未定型的物应当指出其重量；对于做过记号的指出其数目；对于加工过的指出形状；如果物的尺寸很重要，这应该指明其尺寸大小。如果我们诉称衣服是我们的，或者要求【将衣服】交付给我们，我们只要说明其数量还是也要求说明其颜色？最好是将两者都说明。相反，如果要求我们说明【衣服】是破旧的还是新的可能就不合适了。同样对于餐具，如果只是说是"盘子"，那么将很困难说你需要多少，并且即使说明了是方的或者是圆的，或者是光滑的，或者是雕刻的，所有这些都很难纳入要求中。同样在这种情况下也不能要求得过分【详细】：这样，在要求返还奴隶之时，无疑应该指明其名字，是幼儿还是青少年，是多个还是一个；但是如果我不知道他的名，则应该做出一项指示：比如说，【那个属于某份遗产的】；【那个由某位奴隶生的】。同理，那些通过诉讼途径要求某块土地的人，应该说明土地的名字以及其所处的方位。

D. 6. 1. 7 *Paulus libro undecimo ad edictum*

Si is, qui optulit se fundi vindicationi, damnatus est, nihilo minus a possessore recte petitur, sicut Pedius ait.

D. 6. 1. 8 *Paulus libro duodecimo ad edictum*

Pomponius libro trigensimo sexto probat, si ex aequis partibus fundum mihi tecum communem tu et Lucius Titius possideatis, non ab utrisque quadrantes petere me debere, sed a Titio, qui non sit dominus, totum semissem. aliter atque si certis regionibus possideatis eum fundum: nam tunc sine dubio et a te et a Titio partes fundi petere me debere: quotiens enim certa loca possidebuntur, necessario in his aliquam partem meam esse: et ideo te quoque a Titio quadrantem petere debere. quae distinctio neque in re mobili neque in hereditatis petitione locum habet: nunquam enim pro diviso possideri potest.

D. 6, 1, 7　同一作者:《论告示》第 11 卷

如果某人未占有土地而作为占有人参加土地返还之诉（fundi vindicatio），他将被判决承担责任，正如拜第乌斯（Pedius）所说。尽管如此，【前诉原告】还可以正确地向实际占有人提起土地返还之诉。

D. 6, 1, 8　同一作者:《论告示》第 12 卷

彭波尼在【《论告示》】第 36 卷中赞成地说道：如果你和鲁齐奥提丘（Lucius Titius）共同占有一块属于我和你份额相当地共有的土地，我不能通过诉讼程序向你们两位分别要求四分之一的土地，相反只能向不是土地所有权人的提丘要求整个一半。如果你们是以分别占有该土地特定若干小块的方式占有整个土地，结论将有所不同。因为无疑我应当通过诉讼分别向你和提丘要求返还土地的各单独组成部分：每一块被占有的土地中，必然有一部分是属于我的：所以你也应该通过诉讼程序向提丘要求土地的四分之一。这种区别不适用于动产，也不适用于请求继承遗产的情况，因为在这些案件中人们不能单独地占有某一特定部分。

D. 6. 1. 9   *Ulpianus libro sexto decimo ad edictum*

Officium autem iudicis in hac actione in hoc erit, ut iudex inspiciat, an reus possideat: nec ad rem pertinebit, ex qua causa possideat: ubi enim probavi rem meam esse, necesse habebit possessor restituere, qui non obiecit aliquam exceptionem. quidam tamen, ut Pegasus, eam solam possessionem putaverunt hanc actionem complecti, quae locum habet in interdicto uti possidetis vel utrubi. denique ait ab eo, apud quem deposita est vel commodata vel qui conduxerit aut qui legatorum servandorum causa vel dotis ventrisve nomine in possessione esset vel cui damni infecti nomine non cavebatur, quia hi omnes non possident, vindicari non posse. puto autem ab omnibus, qui tenent et habent restituendi facultatem, peti posse.

D. 6. 1. 10   *Paulus libro vicensimo primo ad edictum*

Si res mobilis petita sit, ubi restitui debeat, scilicet si praesens non sit? Et non malum est, si bonae fidei possessor sit is cum quo agitur, aut ibi restitui ubi res sit: aut ubi agitur: sed sumptibus petitoris, qui extra cibaria in iter vel navigationem faciendi sunt.

D. 6. 1. 11   *Ulpianus libro sexto decimo ad edictum*

Nisi si malit petitor suis impensis et periculo ibi, ubi iudicatur, rem restitui: tunc enim de restitutione cum satisdatione cavebitur.

D. 6, 1, 9 乌尔比安:《论告示》第16卷

在这种诉讼中,法官的职责是查明被告是否占有物。占有的原因是什么无关紧要,因为一旦我证明此物是我的,占有人就得把它归还我,除非他提出抗辩(exceptio)。然而有些人,如贝加苏(Pegasus),认为这种诉讼只是同现状占有令状(interdictum uti possidetis)或优者占有令状(interdictum utrubi)所涉及的占有相关。所以他认为,人们不能向物的保管人、借用人、承租人、因保管作为嫁资的遗赠物及给与胎儿的遗赠物或因未获得潜在的损害担保而持有物的人请求返还,因为他们都未占有物。我认为,人们可以向持有物并有能力返还的人请求返还。

D. 6, 1, 10 保罗:《论告示》第21卷

如果通过诉讼要求返还一件动产,应当在哪里返还,比如说当该物不在现场之时?如果针对善意占有人提出本诉,要求要么在物之所在地要么在起诉地返还将是一个不错的主意;【在第二种情况中】由原告承担所发生的旅行、航运费用,但是伙食费除外。

D. 6, 1, 11 乌尔比安:《论告示》第16卷

除非原告要求由其承担费用和风险的方式,物才能在争讼地进行交还;那么就应当通过提供保证人的方式对物之返回进行担保。

D. 6. 1. 12   *Paulus libro vicensimo primo ad edictum*

Si vero malae fidei sit possessor, qui in alio loco eam rem nactus sit, idem statui debet: si vero ab eo loco, ubi lis contesta- ta est, eam substractam alio transtulerit, illic restituere debet, unde subtraxit, sumptibus suis.

D. 6. 1. 13   *Ulpianus libro sexto decimo ad edictum*

Non solum autem rem restitui, verum et si deterior res sit facta, rationem iudex habere debebit: finge enim debilitatum ho- minem vel verberatum vel vulneratum restitui: utique ratio per iudicem habebitur, quanto deterior sit factus. quamquam et legis Aquiliae actione conveniri possessor possit: unde quaeritur an non alias iudex aestimare damnum debeat, quam si remittatur ac- tio legis Aquiliae. et Labeo putat cavere petitorem oportere lege Aquilia non acturum, quae sententia vera est.

D. 6. 1. 14   *Paulus libro vicensimo primo ad edictum*

Quod si malit actor potius legis Aquiliae actione uti, absol- vendus est possessor. itaque electio actori danda est, non ut triplum, sed duplum consequatur.

D. 6，1，12　保罗：《论告示》第 21 卷

如果占有人是恶意占有且其从另外一个地方获得了该物，那么适用同样的规则。但是如果他从争讼地将物移至另外一地，那么他应该在其移走的原地返还该物，自己承担所发生的费用。

D. 6，1，13　乌尔比安：《论告示》第 16 卷

不仅仅应该返还原物，而且如果该物已被损坏，法官应该计算【该损失】。假设，交还一个身体虚弱的或者抽打过的或者受伤的奴隶：无疑，法官要计算所恶化贬值的值，尽管占有人还可以被提起阿奎利亚法之诉。由此产生的问题是：法官是否只在放弃提起阿奎利亚法之诉的时候才能评估损害？拉贝奥认为原告应该保证其将不再提起阿奎利亚法之诉；这一观点是正确的。

D. 6，1，14　保罗：《论告示》第 21 卷

如果原告宁愿提起阿奎利亚法之诉，那么占有人【在原物返还之诉中】不承担责任。给原告以选择，不是为了让他能够得到三倍赔偿，而只是双倍赔偿。

D. 6. 1. 15pr.   *Ulpianus libro sexto decimo ad edictum*

Item si verberatum tradidit, Labeo ait etiam iniuriarum competere actionem petitori.

D. 6. 1. 15. 1

Si quis rem ex necessitate distraxit, fortassis huic officio iudicis succurretur. ut pretium dumtaxat debeat restituere. nam et si fructus perceptos distraxit, ne corrumpantur, aeque non amplius quam pretium praestabit.

D. 6. 1. 15. 2

Item si forte ager fuit qui petitus est et militibus adsignatus est modico honoris gratia possessori dato, an hoc restituere debeat? et puto praestaturum.

D. 6. 1. 15. 3

Si servus petitus vel animal aliud demortuum sit sine dolo malo et culpa possessoris, pretium non esse praestandum plerique aiunt: sed est verius, si forte distracturus erat petitor si accepisset, moram passo debere praestari: nam si ei restituisset, distraxisset et pretium esset lucratus.

D. 6, 1, 15 pr.　乌尔比安：《论告示》第 16 卷

如果交还的奴隶是被抽打过的，情况也一样。拉贝奥认为原告有权提起侵辱之诉（actio iniuriarum）。

D. 6, 1, 15, 1

如果某人出于必要而出售了某物，那么可以由法官按照其职权予以救济，这样【出售人】所应当返还的不应多于其出售价格。另外，若他为了不至于让果实变质而出售了所收集到的果实，那么他所应当返还的不应多于其出售价格。

D. 6, 1, 15, 2

同样，如果诉讼涉及的土地是通过微薄的对价以奖金的名义分配给军人的，这【对价】也应当返还？我认为应当返还。

D. 6, 1, 15, 3

如果通过诉讼要求返还一个奴隶或者其他动物，而后并非出于占有人的故意或者过失【该奴隶或者动物】死亡了，大部分法学家都认为不必【向原告】赔偿价金。但更正确的【观点】是，倘若原告得到了它，便会卖掉它，因此被告应对交付迟延（mora）负责。因为如果他返还了它，原告本来可以卖掉它而赚回价金。

D. 6. 1. 16pr. *Paulus libro vicensimo primo ad edictum*

Utique autem etiam mortuo homine necessaria est sententia propter fructus et partus et stipulationem de evictione: non enim post litem contestatam utique et fatum possessor praestare debet.

D. 6. 1. 16. 1

Culpa non intellegitur, si navem petitam tempore navigationis trans mare misit, licet ea perierit: nisi si minus idoneis hominibus eam commisit.

D. 6. 1. 17pr. *Ulpianus libro sexto decimo ad edictum*

Iulianus libro sexto digestorum scribit, si hominem, qui Maevii erat, emero a Titio, deinde cum eum Maevius a me peteret, eundem vendidero eumque emptor occiderit, aequum esse me pretium Maevio restituere.

D. 6，1，16 pr.　保罗：《论告示》第21卷

即使奴隶已经死亡，对于挛息、对于婴儿以及与追夺相关的要式口约来说，判决还是必要的：因为占有人在争讼期间不是在任何情况下都对不幸事件负责任。

D. 6，1，16，1

如果在航行的季节将被要求返还的船送入了大海，即使最后丢失了船，这种情况不被视为【被告的】过错；除非他将船委托给了不够资格的人。

D. 6，1，17 pr.　乌尔比安：《论告示》第16卷

尤里安在《学说汇纂》第6卷中写道：如果我从提丘处购买了原本属于马维乌斯（Maevius）的奴隶，而马维乌斯则通过诉讼向我要求返还该奴隶，而我已经将其出售并且购买者已经将之杀死，我将价金还给马维乌斯是颇为公平的。

D. 6. 1. 17. 1

Idem Iulianus eodem libro scribit, si moram fecerit in homine reddendo possessor et homo mortuus sit, et fructuum rationem usque ad rei iudicatae tempus spectandam esse. idem Iulianus ait non solum fructus, sed etiam omnem causam praestandam: et ideo et partum venire in restitutionem et partuum fructus. usque adeo autem et causae veniunt, ut Iulianus libro septimo scribit, si per eum servum possessor adquisierit actionem legis Aquiliae, restituere cogendum. quod si dolo malo ipse possessor desierit possidere et aliquis hominem iniuria occiderit, aut pretium hominis aut actiones suas praestare cogetur, utrum eorum voluerit actor. sed et fructus, quos ab alio possessore percepit, restituere eum oportet: lucrum enim ex eo homine, qui in lite esse coeperit, facere non debet. sed fructus eius temporis, quo tempore possessus est ab eo qui evicerit, restituere non debet: sed quod dicit de actione legis Aquiliae, procedit, si post litem contestatam usucepit possessor, quia plenum ius incipit habere.

D. 6, 1, 17, 1

　　同一位尤里安在同一本书中写道：如果占有人迟延交还奴隶并且奴隶死亡了，那么应该计算【奴隶的】孳息直到判决做出之时。同一位尤里安认为不仅应当支付【奴隶的】孳息，而且还应当交付所有与之相关的一切，也就是说应当归还其子女以及子女的孳息。所有与之相关的甚至诉权都被考虑在内，正如尤里安在第 7 卷中所写道的：因此，如果占有人由于该奴隶而获得了阿奎利亚法之诉，那么有义务将之返还【给原告】。如果该占有人故意停止占有【该奴隶】，有人不法地杀害了该奴隶，【该占有者】将有义务满足原告所要求的两项请求中的一项：或者是奴隶的金钱价值，或者是他【由于该奴隶而】拥有的诸项诉权。还有一点必须要向原告返回的，是其从其他占有者处取得的孳息：因为不能从引起诉讼的奴隶上牟取利益。不能要求返还的是在其向他人追夺期间由被追夺者占有之时所产生的孳息。但是【尤里安】关于阿奎利亚法之诉所说的，只有在占有人在诉讼被接受之后时效取得了【奴隶】才能适用，因为【只有从那个时候】他才开始【对奴隶】拥有完整的权利。

D. 6. 1. 18   *Gaius libro septimo ad edictum provinciale*

Si post acceptum iudicium possessor usu hominem cepit,
debet eum tradere eoque nomine de dolo cavere: periculum est
enim, ne eum vel pigneraverit vel manumiserit.

D. 6. 1. 19   *Ulpianus libro sexto decimo ad edictum*

Ipsi quoque reo cavendum esse Labeo dicit "*his rebus recte
praestari*", si forte fundi nomine damni infecti cavit.

D. 6. 1. 20   *Gaius libro septimo ad edictum provinciale*

Praeterea restituere debet possessor et quae post acceptum
iudicium per eum non ex re sua adquisivit: in quo hereditates
quoque legataque, quae per eum servum obvenerunt, continentur. nec enim sufficit corpus ipsum restitui, sed opus est, ut et
causa rei restituatur, id est ut omne habeat petitor, quod habiturus foret, si eo tempore, quo iudicium accipiebatur, restitutus illi homo fuisset. itaque partus ancillae restitui debet, quamvis
postea editus sit, quam matrem eius, post acceptum scilicet iudicium, possessor usuceperit: quo casu etiam de partu, sicut de
matre, et traditio et cautio de dolo necessaria est.

D. 6，1，18　盖尤斯：《论行省告示》第 7 卷

如果占有人【即被告】在诉讼被接受之后时效取得了奴隶，则应当交付之并且以其名义为【其自己的】恶意提供要式口约担保：事实上存在着将其质押或者将其解放的危险。

D. 6，1，19　乌尔比安：《论告示》第 16 卷

拉贝奥说【原告】也应该【如此】向被告提出要式口约担保：【对于这些情况有义务正确地保持未受损害】如，他对该土地的潜在损害提供担保。

D. 6，1，20　盖尤斯：《论行省告示》第 7 卷

此外，【败诉的】占有人应当返还在争讼开始后通过被返还的奴隶取得的所有的一切，但是那些通过其自身的财产所取得的不在此列；在这些应当返还的物中，也包括通过该奴隶而取得的遗产和遗赠。因为仅仅归还物本身还是不够的，而且还应当归还与物相关的一切，也就是说原告应该获得如果他在争讼开始之时奴隶已经归还给他的情况下所能够获得的一切。因此，女奴所生的子女必须被返还，即使他是在占有人于争讼期后通过时效取得其母所有权后出生的。在这种情况下，必须【将他们】交付并且提供欺诈担保（cautio de dolo），该【担保】涵盖子女及其母亲。

D. 6. 1. 21   *Paulus libro vicensimo primo ad edictum*

Si a bonae fidei possessore fugerit servus, requiremus, an talis fuerit, ut et custodiri debuerit. nam si integrae opinionis videbatur, ut non debuerit custodiri, absolvendus est possessor, ut tamen, si interea eum usuceperat, actionibus suis cedat petitori et fructus eius temporis quo possedit praestet. quod si nondum eum usucepit, absolvendum eum sine cautionibus, ut nihil caveat petitori de persequenda ea re: quo minus enim petitor eam rem persequi potest, quamvis interim, dum in fuga sit, usucapiat? nec iniquum id esse Pomponius libro trigensimo nono ad edictum scribit. si vero custodiendus fuit, etiam ipsius nomine damnari debebit, ut tamen, si usu eum non cepit, actor ei actionibus suis cedat. Iulianus autem in his casibus, ubi propter fugam servi possessor absolvitur, etsi non cogitur cavere de persequenda re, tamen cavere debere possessorem, si rem nanctus fuerit, ut eam restituat, idque Pomponius libro trigensimo quarto variarum lectionum probat: quod verius est.

D. 6. 1. 22   *Ulpianus libro sexto decimo ad edictum*

Quod si dolo possessoris fugerit, damnandum eum, quasi possideret.

D. 6, 1, 21　保罗：《论告示》第21卷

如果奴隶从善意占有人处逃跑，我们要考虑一下他是否需要被人看管：因为如果他此前享有好名声以至于不必被看管，那么占有人不用承担责任，只要当时【占有人】已经通过时效取得，他让出诸诉权并且交还占有期间所获得孳息即可。如果他还没有时效取得，那么将不承担责任并且没有义务提供担保，同时他也不必向原告担保要找回该奴隶；【或许可能的是他将向原告保证不阻止其】能够找回该奴隶，虽然他【被告】在奴隶逃亡期间能够时效取得该奴隶了？彭波尼在《论告示》第 39 卷中写道：这并非不公平。相反，如果【奴隶】是应该被看管的，【占有人】将因此而被判败诉，这样如果他还没有对奴隶时效取得，原告将其诉权转让给占有人。然而，尤里安【写道】，在这些占有人因为奴隶逃跑而得到豁免的案件中，虽然占有人不必为找回奴隶提供要式口约担保，然而应当提供以下要式口约担保，即一旦重新获得奴隶，则将之返还。这也是彭波尼在《诸课程》一书的第 34 卷中所持的观点，这是非常正确的。

D. 6, 1, 22　乌尔比安：《论告示》第16卷

如果【奴隶】因占有人的恶意而逃跑的，那么他将如同【仍然】占有那样被判承担责任。

D. 6. 1. 23pr.   *Paulus libro vicensimo primo ad edictum*

In rem actio competit ei, qui aut iure gentium aut iure civili dominium adquisiit.

D. 6. 1. 23. 1

Loca sacra, item religiosa, quasi nostra in rem actione peti non possunt.

D. 6. 1. 23. 2

Si quis rei suae alienam rem ita adiecerit, ut pars eius fieret, veluti si quis statuae suae bracchium aut pedem alienum adiecerit, aut scypho ansam vel fundum, vel candelabro sigillum, aut mensae pedem, dominum eius totius rei effici vereque statuam suam dicturum et scyphum plerique recte dicunt.

D. 6. 1. 23. 3

Sed et id, quod in charta mea scribitur aut in tabula pingitur, statim meum fit: licet de pictura quidam contra senserint propter pretium picturae: sed necesse est ei rei cedi, quod sine illa esse non potest.

D. 6，1，23pr.　保罗：《论告示》第 21 卷

【要求原物返还的】对物之诉诉权属于依万民法或者市民法取得物之所有权的人。

D. 6，1，23，1

圣地（loca sacra）同神息地一样，我们不能将之作为我们的所有物而提起对物之诉。

D. 6，1，23，2

如果有人将他人之物添加到自己的物之上，以至于前者成为了后者的一部分，比如说有人将属于他人【雕像的】一个胳膊或者一只脚加到自己的雕像之上，或者将一个把手或者底座添加到一个杯子之上，或者将浮雕添加到一个烛台之上，或者将一个垫子添加到桌【腿】之上，大部分【法学家】正确地认为他成为整个物体的所有权人，并且可以正确地说那是他的雕像和他的杯子。

D. 6，1，23，3

但是在我的纸上所写的或者在【我的】木板上所画的，就马上变成我的；虽然对于绘画，有些【法学家】考虑到画的价值而持不同的意见。但是，没有另一个物便不能存在之物，必须被该另一个物吸收。

D. 6. 1. 23. 4

In omnibus igitur istis, in quibus mea res per praevalentiam alienam rem trahit meamque efficit, si eam rem vindicem, per exceptionem doli mali cogar pretium eius quod accesserit dare.

D. 6, 1, 23, 4

因而，在所有这些【情况中】，即我的物占优势，它吸收了他人之物并且使之归属于我，如果我不返还该物，那么我将因对方的欺诈抗辩 * 而不得不支付那些添附【到我的物上的】这个物的价金。

---

* 意指：我为了避免因恶意抗辩而卷入新的诉讼，而不得不支付价金。——译者注

D. 6. 1. 23. 5

Item quaecumque aliis iuncta sive adiecta accessionis loco cedunt, ea quamdiu cohaerent dominus vindicare non potest, sed ad exhibendum agere potest, ut separentur et tunc vindicentur: scilicet excepto eo, quod Cassius de ferruminatione scribit. dicit enim, si statuae suae ferruminatione iunctum bracchium sit, unitate maioris partis consumi et quod semel alienum factum sit, etiamsi inde abruptum sit, redire ad priorem dominum non posse. non idem in eo quod adplumbatum sit, quia ferruminatio per eandem materiam facit confusionem, plumbatura non idem efficit. ideoque in omnibus his casibus, in quibus neque ad exhibendum neque in rem locum habet, in factum actio necessaria est. at in his corporibus, quae ex distantibus corporibus essent, constat singulas partes retinere suam propriam speciem, ut singuli homines, singulae oves: ideoque posse me gregem vindicare, quamvis aries tuus sit immixtus, sed et te arietem vindicare posse. quod non idem in cohaerentibus corporibus eveniret: nam si statuae meae bracchium alienae statuae addideris, non posse dici bracchium tuum esse, quia tota statua uno spiritu continetur.

D. 6, 1, 23, 5

同理，所有那些与他物合并或者添加到他物之上的物，都像添附物合为一体。只要两者保持合并状态，所有权人不得要求返还，但是可以提起出示之诉，使得两者分离开来，这样【才能够】要求返还。毫无疑问的是，卡西（Cassius）所写的关于焊接融合的情况则属于例外：因为他说如果通过焊接将【他人雕像的】一条胳膊接到他自己的雕像上，随着被整合到大的部分之上，【胳臂的所有权】消灭；并且它一旦成为他人之物，即使【后来】脱落下来，也不能重新归于第一个所有权人。对于用铅焊的则不适用该规则，因为通过同一材料的焊接产生了混合（confusionem），【相反】铅焊则没有此效果。因此，在所有这些既无法适用出示之诉和【要求原物返还】的对物之诉的情况，有必要【赋予】事实之诉诉权。对于那些由各独立的物组成的合体，各单独部分还保持其特殊性，比如若干奴隶或者若干母绵羊；因此我可以要求返还某一羊群，即使中间掺杂了你的一头公绵羊；同样你也可以要求返还那头公绵羊。这一规则不适用于由各部分结合而形成的物：如果我将他人雕像上的一条胳臂加到了我的雕像之上，不能说手臂还是你的，因为整个雕塑在意念上是被当作一个整体的。

D. 6. 1. 23. 6

Tignum alienum aedibus iunctum nec vindicari potest propter legem duodecim tabularum, nec eo nomine ad exhibendum
agi nisi adversus eum, qui sciens alienum iunxit aedibus: sed est
actio antiqua de tigno iuncto, quae in duplum ex lege duodecim
tabularum descendit.

D. 6. 1. 23. 7

Item si quis ex alienis cementis in solo suo aedificaverit, domum quidem vindicare poterit, cementa autem resoluta prior dominus vindicabit, etiamsi post tempus usucapionis dissolutum sit
aedificium, postquam a bonae fidei emptore possessum sit: nec
enim singula cementa usucapiuntur, si domus per temporis spati-
um nostra fiat.

D. 6. 1. 24   *Gaius libro septimo ad edictum provinciale*

Is qui destinavit rem petere animadvertere debet, an aliquo
interdicto possit nancisci possessionem, quia longe commodius
est ipsum possidere et adversarium ad onera petitoris compellere
quam alio possidente petere.

D. 6, 1, 23, 6

根据《十二表法》，被架入建筑物的他人的木梁是不能被要求返还的，也不能因此提起出示之诉（actio exhibendum），除非被起诉者是明知还将木梁架入建筑物。但是关于被架入的木梁存在着一项古老的诉权，是【木梁价金的】双倍计算，这起源于《十二表法》。

D. 6, 1, 23, 7

同理，如果某人用他人的材料在他的土地上建造房屋，无疑他可以要求返还这建筑物；然而一旦为善意的购买者所占有，即使房子在时效取得后拆除了，第一位所有权人可以要求返还那些因为拆除而分离开来的材料：因为【即使】经过时效取得房子已经变成我们的了，对于各单独的材料不能时效取得。

D. 6, 1, 24　盖尤斯：《论行省告示》第 7 卷

决定通过诉讼来要求返还某物的人，应当注意是否可以通过令状来获得占有，因为让对方承担原告的负担远比对占有物的对方提起诉讼更为方便。

D. 6. 1. 25   *Ulpianus libro septuagensimo ad edictum*

Is qui se optulit rei defensioni sine causa, cum non possideret nec dolo fecisset, quo minus possideret: si actor ignoret, non est absolvendus, ut Marcellus ait: quae sententia vera est. sed hoc post litem contestatam: ceterum ante iudicium acceptum non decipit actorem qui se negat possidere, cum vere non possideret: nec videtur se liti optulisse qui discessit.

D. 6. 1. 26   *Paulus libro secundo ad Plautium*

Nam si actor scit, tunc is non ab alio, sed a se decipitur: et ideo reus absolvitur.

D. 6. 1. 27pr.   *Paulus libro vicensimo primo ad edictum*

Sin autem cum a Titio petere vellem, aliquis dixerit se possidere et ideo liti se optulit, et hoc ipsum in re agenda testatione probavero, omnimodo condemnandus est.

D. 6，1，25　乌尔比安：《论告示》第 70 卷

正如马尔切罗（Marcellus）所说，某人既未占有某物，又未故意停止对某物的占有，无正当理由而为物进行辩护，若原告不知道这些事实，便不应免除其责任，这一观点是正确的。但是，上述规定适用于争讼期之后（post litem contestatam）。另一方面，在争讼之前，只要确实没有占有，否认占有的人不构成对原告的欺骗；中途退出诉讼的人，不视为介入诉讼。

D. 6，1，26　保罗：《论普拉蒂》第 2 卷

因为如果原告是知情的，那么他不是为他人所欺骗，而是自己的原因，所以被告可以得到豁免。

D. 6，1，27pr.　保罗：《论告示》第 21 卷

相反，如果我本想起诉提丘，其他人声称占有而介入诉讼，并且我在诉讼过程中通过证据证明该第三人提供的情况是假的，不管怎样他都将被判承担责任。

D. 6. 1. 27. 1

Possidere autem aliquis debet utique et litis contestatae tempore et quo res iudicatur. quod si litis contestationis tempore possedit, cum autem res iudicatur sine dolo malo amisit possessionem, absolvendus est possessor. item si litis contestatae temporis non possedit, quo autem iudicatur possidet, probanda est Proculi sententia, ut omnimodo condemnetur: ergo et fructuum nomine ex quo coepit possidere damnabitur.

D. 6. 1. 27. 2

Si homo petitus dolo possessoris deterior factus sit, deinde sine culpa eius ex alia causa mortuus sit, aestimatio non fiet eius, quod deteriorem eum fecerat, quia nihil interest petitoris: sed haec quantum ad in rem actionem: legis autem Aquiliae actio durat.

D. 6. 1. 27. 3

Sed et is, qui ante litem contestatam dolo desiit rem possidere, tenetur in rem actione: idque ex senatus consulto colligi potest, quo cautum est, ut diximus, ut dolus praeteritus in hereditatis petitionem veniat: cum enim in hereditatis petitione, quae et ipsa in rem est, dolus praeteritus fertur, non est absurdum per consequentias et in speciali in rem actione dolum praeteritum deduci.

D. 6, 1, 27, 1

至少或者在争讼开始之时或者在物被判定之时占有。因为，如果在争讼开始之时曾经占有过，而当物被判定之时并非出于其故意而丧失了占有，那么占有人应当得到豁免。同样，如果在争讼开始之时没有占有，但是在判决之时占有了该物，应该赞成普罗库勒的观点，即无论如何都应该判决【被告】败诉。因此，他还将被判决返还自其占有时起所获得的孳息。

D. 6, 1, 27, 2

如果被要求返还的奴隶曾经由于占有人的故意而受到伤害，之后该奴隶出于与之无关的其他的原因死亡了，对于此前对奴隶造成的伤害将不在考虑之内，因为对于原告的利益没有任何影响。上述所指针对对物之诉；相反，阿奎利亚法之诉诉权仍然存在。

D. 6, 1, 27, 3

还有在争讼之前故意地放弃占有的人，将被以对物之诉被诉，这一点可以从元老院所做决议中推断出来。正像我们所说的那样，元老院的决议规定，在遗产继承之诉（hereditatis Petitio）中过去的故意（dolus praeteritus）应予考虑。实际上，遗产继承之诉本身就是一种对物之诉。如果在该诉讼中过去的故意是一个应考虑的因素，那么在任何一个特定物的对物之诉中，过去的故意也是一个应考虑的因素，这不无道理。

D. 6. 1. 27. 4

Si per filium aut per servum pater vel dominus possideat et is sine culpa patris dominive rei iudicandae tempore absit: vel tempus dandum vel cavendum est de possessione restituenda.

D. 6. 1. 27. 5

In rem petitam si possessor ante litem contestatam sumptus fecit, per doli mali exceptionem ratio eorum haberi debet, si perseveret actor petere rem suam non redditis sumptibus. idem est etiam, si noxali iudicio servum defendit et damnatus praestitit pecuniam, aut in area quae fuit petitoris per errorem insulam aedificavit: nisi tamen paratus sit petitor pati tollere eum aedificium. quod et in area uxori donata per iudicem, qui de dote cognoscit, faciendum dixerunt. sed si puerum meum, cum possideres, erudisses, non idem observandum Proculus existimat, quia neque carere servo meo debeam nec potest remedium idem adhiberi, quod in area diximus:

D. 6. 1. 28   *Gaius libro septimo ad edictum provinciale*

forte quod pictorem aut librarium docueris. dicitur non aliter officio iudicis aestimationem haberi posse,

D. 6, 1, 27, 4

如果家父或者主人通过其家子或者奴隶来进行占有，而后者在物应当被判定之时由于与家父或者主人的过错无关的原因而缺席，【在这些情况中】或者给与一定期限或者应当为归还占有提供要式担保。

D. 6, 1, 27, 5

如果占有人在争讼之前为被要求返还的物而开支了一定的费用，如果原告坚持不偿还此费用而要求返还，占有人可通过恶意抗辩请求归还该笔费用。这一规则还适用这样的情形：【占有人】在损害投偿之诉中因奴隶而做了被告，被判败诉并为此支付了罚金；或者在属于原告的土地上出于错误而建造了一楼房，而原告不同意他拆除该楼房。【部分法学家】认为这一规则也应适用于有关法官确定作为嫁资的土地归为妻子所有的情况。但是如果你在占有我的年轻奴隶之时培训了该奴隶，普罗库勒认为不应该适用同一办法，因为我既不能失去该奴隶，也不能适用上述谈到赠与妻子的土地之时赋予的同样的救济措施，

D. 6, 1, 28　盖尤斯：《论行省告示》第 7 卷

因为，比如你把奴隶培训成绘工或者抄写员，一般认为只有法官才能对其做出估价，

D. 6. 1. 29 *Pomponius libro vicensimo primo ad Quintum Mucium*

nisi si venalem eum habeas et plus ex pretio eius consecuturus sis propter artificium,

D. 6. 1. 30 *Gaius libro septimo ad edictum provinciale*

aut si ante denuntiatum sit actori, ut impensam solveret, et eo dissimulante posita sit doli mali exceptio.

D. 6. 1. 31 *Paulus libro vicensimo primo ad edictum*

Ceterum cum de fructibus servi petiti quaeritur, non tantum pubertas eius spectanda est, quia etiam impuberis aliquae operae esse possunt. improbe tamen desiderabit petitor fructus aestimari, qui ex artificio eius percipi potuerunt, quod artificium sumptibus possessoris didicit.

D. 6. 1. 32 *Modestinus libro octavo differentiarum*

Quod si artificem fecerit, post vicensimum quintum annum eius, qui artificium consecutus est, impensae factae poterunt pensari.

D. 6, 1, 29 彭波尼:《论昆图斯·穆齐乌斯》第 21 卷

如果你准备将之出售,那么你可能因为其技能而获得更高的价金,

D. 6, 1, 30 盖尤斯:《论行省告示》第 7 卷

或者如果此前原告被要求支付费用,但是没有这么做,则【可对原告】提出恶意抗辩。

D. 6, 1, 31 保罗:《论告示》第 21 卷

此外,当说到被要求返还的奴隶的孳息的问题,应当不仅仅只考虑到适婚奴隶的孳息,因为有些劳动也可以由那些未适婚奴隶来承担。然而原告的下列行为是缺德的:即要求计算那些因奴隶的技能而取得的孳息,而奴隶是以占有人支付的费用才掌握了该技能。

D. 6, 1, 32 莫德斯丁:《区别集》第 8 卷

但是如果是在奴隶二十五周岁之后培训其技能的,那么其所支出的费用可以与【收益】相抵销。

D. 6. 1. 33 *Paulus libro vicensimo primo ad edictum*

Fructus non modo percepti, sed et qui percipi honeste potuerunt aestimandi sunt: et ideo si dolo aut culpa possessoris res petita perierit, veriorem putat Pomponius Trebatii opinionem putantis eo usque fructuum rationem habendam, quo usque haberetur, si non perisset, id est ad rei iudicandae tempus: quod et Iuliano placet. hac ratione si nudae proprietatis dominus petierit et inter moras usus fructus amissus sit, ex eo tempore, quo ad proprietatem usus fructus reversus est, ratio fructuum habetur.

D. 6. 1. 34 *Iulianus libro septimo digestorum*

Idem est et si per alluvionem pars fundo accesserit.

D. 6. 1. 35pr. *Paulus libro vicensimo primo ad edictum*

Et ex diverso si petitor lite contestata usum fructum legaverit, ex eo tempore, ex quo discessit a proprietate, fructuum rationem non habendam quidam recte putant.

D. 6, 1, 33　保罗:《论告示》第 21 卷

不仅要计算那些已经收取的孳息,而且还要包括那些原本可以合理地收取的孳息。因此,如果被要求返还的物由于占有人的故意或过失而灭失,彭波尼认为特雷巴蒂的观点非常正确,后者认为要如同物没有灭失之时所能收取的孳息额,也就是说【计算】到该物被判决之时;尤里安也赞同这一观点。据此,如果空虚所有权人通过诉讼要求返还【某物】,且在此期间【该物的】用益权停止,则从用益权重新归于所有权之时开始计算孳息。

D. 6, 1, 34　尤里安:《学说汇纂》第 7 卷

这一规则也适用于冲击地添附到土地的情形。

D. 6, 1, 35pr.　保罗:《论告示》第 21 卷

与此相关的是,一旦争讼开始,如果原告通过遗赠【对该物】设立了用益权,有些【法学家】正确地认为在用益权从所有权分离出去之后不能再计算孳息。

D. 6. 1. 35. 1

Ubi autem alienum fundum petii et iudex sententia declara-
vit meum esse, debet etiam de fructibus possessorem condem-
nare: eodem enim errore et de fructibus condemnaturum: non
debere enim lucro possessoris cedere fructus, cum victus sit:
alioquin, ut Mauricianus ait, nec rem arbitrabitur iudex mihi restitui, et quare habeat quod non esset habiturus possessor, si statim possessionem restituisset?

D. 6. 1. 35. 2

Petitor possessori de evictione cavere non cogitur rei nomine, cuius aestimationem accepit: sibi enim possessor imputare
debet, qui non restituit rem.

D. 6. 1. 35. 3

Eorum quoque, quae sine interitu dividi non possunt, partem petere posse constat.

D. 6. 1. 36pr.   *Gaius libro septimo ad edictum provin-*
ciale

Qui petitorio iudicio utitur, ne frustra experiatur, requirere
debet, an is, cum quo instituat actionem, possessor sit vel dolo
desiit possidere.

D. 6, 1, 35, 1

当我通过诉讼主张一块他人的土地，法官在判决中判定是属于我的，同时应该判决占有人归还孳息；在同一错误的基础之上，应当就孳息也做出判定，因为如果占有人败诉，就不能将孳息留给他；否则，正如马乌里查努斯（Mauricianus）所言，【如果没有这些孳息】法官就不能认为物之返还完全完成；有什么理由能让占有人获得那些如果他马上返还就不能取得的【利益】呢？

D. 6, 1, 35, 2

获得金钱补偿的原告，不必向占有人就该物的追索提供担保：因为占有人因可归咎于自己的原因而没有归还该物。

D. 6, 1, 35, 3

对于那些非毁坏就不能分割的物也无疑可以通过诉讼要求返还一部分。

D. 6, 1, 36pr. 盖尤斯：《论行省告示》第 7 卷

提出原物返还之诉的人，为了不致使诉讼徒劳无益，应当调查其所起诉的对象是否是占有人或者占有人是否恶意地停止占有。

D. 6. 1. 36. 1

Qui in rem convenitur, etiam culpae nomine condemnatur.
culpae autem reus est possessor, qui per insidiosa loca servum
misit, si is periit, et qui servum a se petitum in harena esse con-
cessit, et is mortuus sit: sed et qui fugitivum a se petitum non
custodit, si is fugit, et qui navem a se petitam adverso tempore
navigatum misit, si ea naufragio perempta est.

D. 6. 1. 37 *Ulpianus libro septimo decimo ad edictum*

Iulianus libro octavo digestorum scribit: si in aliena area
aedificassem, cuius bonae fidei quidem emptor fui, verum eo
tempore aedificavi, quo iam sciebam alienam, videamus, an nihil mihi exceptio prosit: nisi forte quis dicat prodesse de damno
sollicito. puto autem huic exceptionem non prodesse: nec enim
debuit iam alienam certus aedificium ponere: sed hoc ei conce-
dendum est, ut sine dispendio domini areae tollat aedificium
quod posuit.

D. 6，1，36，1

对物之诉的被告也会因过错而被判败诉。【下列情况中属于具有过错：】占有人将奴隶派往危险的地方，而奴隶死亡了；或者允许被要求返还的奴隶去竞技场参加格斗，而奴隶死亡了；或者没有看管好被要求返还的逃亡的奴隶，如果他【再次】逃亡了；或者在天气恶劣的情况下，将被要求返还的船派往航行，而船在海难中毁灭了。

D. 6，1，37　乌尔比安：《论告示》第 17 卷

尤里安在《学说汇纂》第 8 卷中写道：如果我【从非所有权人处】善意地购买了一块土地并在此之上建造了建筑物，但是我在建造之时已经知道该土地属于出售第三人，我们看一下我是否可以采用恶意抗辩，并且有人说对于此前向邻居作出的潜在损害担保事项引起的损害也不用负责。但是我认为不能利用这一抗辩权：因为在已经知道【土地】属于他人的情况下就不应当修建建筑物；但是应该允许他在不费土地所有权人的费用的情况下将建筑物拆除掉。

D. 6. 1. 38   *Celsus libro tertio digestorum*

In fundo alieno, quem imprudens emeras, aedificasti aut conseruisti, deinde evincitur: bonus iudex varie ex personis causisque constituet. finge et dominum eadem facturum fuisse: reddat impensam, ut fundum recipiat, usque eo dumtaxat, quo pretiosior factus est, et si plus pretio fundi accessit, solum quod impensum est. finge pauperem, qui, si reddere id cogatur, laribus sepulchris avitis carendum habeat: sufficit tibi permitti tollere ex his rebus quae possis, dum ita ne deterior sit fundus, quam si initio non foret aedificatum. constituimus vero, ut, si paratus est dominus tantum dare, quantum habiturus est possessor his rebus ablatis, fiat ei potestas: neque malitiis indulgendum est, si tectorium puta, quod induxeris, picturasque corradere velis, nihil laturus nisi ut officias. finge eam personam esse domini, quae receptum fundum mox venditura sit: nisi reddit, quantum prima parte reddi oportere diximus, eo deducto tu condemnandus es.

D. 6. 1. 39pr.   *Ulpianus libro septimo decimo ad edictum*

Redemptores, qui suis cementis aedificant, statim cementa faciunt eorum, in quorum solo aedificant.

D. 6, 1, 38　杰尔苏:《学说汇纂》第 3 卷

你在不知情的情况下从非所有权人处购买了土地并建造了建筑物或者播种了,随后【土地】被追索了;一个好的法官将根据不同的人和具体情形来判决。假设所有权人也会做同样的事情;为了要回土地,补偿其支出费用,但以给土地带来的增值范围为限;并且如果给土地带来的增值超过了所支出费用,则只【补偿】所支出的费用。假设【所有权人】是一个穷人,如果他被迫归还所支出费用,那么将导致被迫出让其家族的神像和祖先的坟墓;【在这样的情况下】允许你带走那些你所能够带走的东西,只要不至于使土地因此而比如果最初没有建造建筑物的情况更为不良。此外,我们规定,如果所有权人已经准备好给予占有人从其带走的物中可能获得的利益,那么给予其该权力。事实上人们不能纵容恶意行为:比如说,你要求拆走墙上的装饰或者绘画,但并非为了获取什么而只是为了造成损害。假设所有权人是一个一旦收到土地将马上想将之出售的人:如果他没有归还在第一个例子中所说的应该支付的【费用】,便应从判决由你负担的费用中减去这笔费用。

D. 6, 1, 39pr.　乌尔比安:《论告示》第 17 卷

以自己的材料施工建筑的承包人,将【这些】材料的所有权立即转移给他们施工土地的主人。

D. 6. 1. 39. 1

Iulianus recte scribit libro duodecimo digestorum mulierem, quae intercedens fundum pignori dedit, quamvis a creditore distractum posse in rem actione petere:

D. 6. 1. 40 *Gaius libro septimo ad edictum provinciale*

quia nullum pignus creditor vendidisse videtur.

D. 6. 1. 41pr. *Ulpianus libro septimo decimo ad edictum*

Si quis hac lege emerit, ut, si alius meliorem condicionem attulerit, recedatur ab emptione, post allatam condicionem iam non potest in rem actione uti. sed et si cui in diem addictus sit fundus, antequam adiectio sit facta, uti in rem actione potest: postea non poterit.

D. 6, 1, 39, 1

尤里安在《学说汇纂》第 12 卷中正确地写道：妇女如果将一块土地交出作为抵押物以为债之担保，即使【这块土地】已经被债权人出售了，她还是能够以对物之诉要求返还之，

D. 6, 1, 40　盖尤斯：《论行省告示》第 7 卷

因为人们认为债权人【法律上】没有将抵押物出售，基于抵押权是无效的。

D. 6, 1, 41pr.　乌尔比安：《论告示》第 17 卷

如果某人以下面的条款购买了一块土地，即如果他人以更好的条件来购买，可以撤销买卖；在出现更好的条件之时，【买受人】不得再提起对物之诉。如果土地是附以"在一定时间的更优条件的简约"被出售，在这一要约出现之前，【买受人】可以提起对物之诉，而在此后就不能了。

D. 6. 1. 41. 1

Si servus mihi vel filius familias fundum vendidit et tradidit habens liberam peculii administrationem, in rem actione uti potero. sed et si domini voluntate domini rem tradat, idem erit dicendum: quemadmodum cum procurator voluntate domini vendidit vel tradidit, in rem actionem mihi praestabit.

D. 6. 1. 42 *Paulus libro vicensimo sexto ad edictum*

Si in rem actum sit, quamvis heres possessoris, si non possideat, absolvatur, tamen si quid ex [1] persona defuncti commissum sit, omnimodo in damnationem veniet.

D. 6. 1. 43 *Paulus libro vigensimo septimo ad edictum*

Quae religiosis adhaerent, religiosa sunt et idcirco nec lapides inaedificati postquam remoti sunt vindicari possunt: in factum autem actione petitori extra ordinem subvenitur, ut is, qui hoc fecit, restituere eos compellatur. sed si alieni sine voluntate domini inaedificati fuerint et nondum functo monumento in hoc detracti erunt, ut alibi reponerentur, poterunt a domino vindicari. quod si in hoc detracti erunt, ut reponerentur, similiter dominum eos repetere posse constat.

---

[1] ⟨si non possideat, absolvatur, tamen si quid ex⟩ vd. Mo-Kr. nt. 8.

D. 6, 1, 41, 1

如果拥有对"特有产"有自由管理权的奴隶或者处于父权下的家子向我出售并交付了土地，我将可以提起对物之诉。而且如果【奴隶】根据其主人的意愿交付了该物，也适用同一规则；当一个代理人，出于被代理人的意愿，向我出售并交付了【某物】，我将有权提起对物之诉。

D. 6, 1, 42　保罗：《论告示》第 26 卷

如果赋予某人对物之诉的诉权，虽然通常来说占有人的继承人如果没有占有就能得到豁免，但是如果他从死者那里获得了利益，那么在判决之时将有所考虑。

D. 6, 1, 43　同一作者：《论告示》第 37 卷

结合到神息物之上的物，也成为神息物，因此对于那些运用在建筑物的石头不能被要求返还，即使在后来它们被移出来了；但是可以通过非常程序的事实之诉对原告进行救济，从而使这样做的人将被迫归还这些石头。但是如果他人的石头未经其主人同意被用于建造【坟墓】，但是坟墓在尚未使用之时石头被移出来用于其他地方，那么所有权人有权要求返还。并且如果这些石头被转移出来是用于【该坟墓本身】，结果一样：即所有权人可以要求返还。

D. 6. 1. 44   *Gaius libro vicensimo nono ad edictum provinciale*

fructus pendentes pars fundi videntur.

D. 6. 1. 45   *Ulpianus libro sexagensimo octavo ad edictum*

Si homo sit, qui post conventionem restituitur, si quidem a bonae fidei possessore, puto cavendum esse de dolo solo, debere ceteros etiam de culpa sua: inter quos erit et bonae fidei possessor post litem contestatam.

D. 6. 1. 46   *Paulus libro decimo ad Sabinum*

Eius rei, quae per in rem actionem petita tanti aestimata est, quanti in litem actor iuraverit, dominium statim ad possessorem pertinet: transegisse enim cum eo et decidisse videor eo pretio, quod ipse constituit.

D. 6. 1. 47   *Paulus libro septimo decimo ad Plautium*

Haec si res praesens sit: si absens, tunc cum possessionem eius possessor nactus sit ex voluntate actoris: et ideo non est alienum non aliter litem aestimari a iudice, quam si caverit actor, quod per se non fiat possessionem eius rei non traditum iri.

D. 6, 1, 44 盖尤斯:《论行省告示》第 29 卷

未采摘的果实被认为是土地的一部分。

D. 6, 1, 45 乌尔比安:《论告示》第 68 卷

如果一个奴隶是在【被告】被诉之后被返还,如果返还者是善意占有人,那么我认为只是应该为恶意提供担保;而其他的【占有人】应当为他们自己的过错【提供担保】;在争讼开始后善意占有人也在他们之列【即也应该为其自身的过错负责】。

D. 6, 1, 46 保罗:《论保罗》第 10 卷

在要求原物返还之诉中,在支付了根据原告对诉讼价值的发誓所确定金额之后,物的所有权立即归于占有人;因为人们这样认为:我与原告达成了和解,根据该和解所确定的价格结束了讼争。

D. 6, 1, 47 同一作者:《论普拉蒂》第 17 卷

在物在手边的情况下是如上所述的;如果物不在手边,当占有人经原告同意而获得了占有之时【所有权归占有人】;因此法官只有在原告提供"不妨碍将物交付给占有人"担保的情况下才对诉讼进行估价并非无道理。

D. 6. 1. 48   *Papinianus libro secundo responsorum*

Sumptus in praedium, quod alienum esse apparuit, a bona
fide possessore facti neque ab eo qui praedium donavit neque a
domino peti possunt, verum exceptione doli posita per officium
iudicis aequitatis ratione servantur, scilicet si fructuum ante litem
contestatam perceptorum summam excedant: etenim admissa
compensatione superfluum sumptum meliore praedio facto dominus restituere cogitur.

D. 6. 1. 49pr.   *Celsus libro octavo decimo digestorum*

Solum partem esse aedium existimo nec alioquin subiacere
uti mare navibus.

D. 6. 1. 49. 1

Meum est, quod ex re mea superest, cuius vindicandi ius
habeo.

D. 6. 1. 50pr.   *Callistratus libro secundo edicti monito-*
rii

Si ager ex emptionis causa ad aliquem pertineat, non recte
hac actione agi poterit, antequam traditus sit ager tuncque possessio amissa sit.

D. 6, 1, 48　帕比尼安:《解答集》第 2 卷

善意占有人在他人的土地上所支付的费用,既不能向赠予人也不能向土地所有权人提起诉讼请求返还该费用。然而,如果【善意占有人】支付的费用超过了争讼期前他所收取的孳息,那么他可以提出欺诈抗辩,由法官按公平(aequitas)原则处理,从而得到返还。事实上在抵销(compensatio)之后,所有权人必须在土地所获得的利益范围之内偿付费用超过所得孳息的那部分。

D. 6, 1, 49pr.　杰尔苏:《学说汇纂》第 18 卷

我认为地基是建筑物的一部分;因为它并不是如海处于船之下的方式处于【建筑物】之下。

D. 6, 1, 49, 1

从我所有的物中剩下之物是我的,因此我有权请求返还。

D. 6, 1, 50pr.　卡里斯特拉图:《监察官告示》第 2 卷

如果某人通过买卖获得了一块土地,在土地交付给他并随后丧失了占有之前,他不能正确地提出返还之诉。

D. 6. 1. 50. 1

Sed heres de eo quod hereditati obvenerit recte aget, etiamsi possessionem eius adhuc non habuerit.

D. 6. 1. 51   *Pomponius libro sexto decimo ad Sabinum*

Si in rem actum sit et in heredem possessoris iudicium datum sit, culpa quoque et dolus malus heredis in hoc iudicium venit.

D. 6. 1. 52   *Iulianus libro quinquagensimo quinto digestorum*

Cum autem fundi possessor ante litem contestatam dolo malo fundum possidere desiit, heredes eius in rem quidem actionem suscipere cogendi non sunt, sed in factum actio adversus eos reddi debebit, per quam restituere cogantur, quanto locupletes ex ea re facti fuerunt.

D. 6. 1. 53   *Pomponius libro trigensimo primo ad Sabinum*

Si fundi possessor eum excoluisset sevissetve et postea fundus evincatur, consita tollere non potest.

D. 6，1，50，1

但是，继承人【以继承遗产为要求】可以正确地提出诉讼，要求那些他将从遗产中所应得的部分，即使他还尚未占有。

D. 6，1，51　彭波尼：《论萨宾》第 16 卷

如果对物之诉被提起，并且诉讼是针对占有人的继承人的，在该种情况下继承人的过错和故意也将被考虑。

D. 6，1，52　尤里安：《学说汇纂》第 55 卷

当占有人在争讼之前故意停止对某一土地的占有，他的继承人不能被提起对物之诉，但是应该授予事实之诉来起诉他们，通过该诉【继承人】被判处在他们从该物中所获利益的范围内返还。

D. 6，1，53　彭波尼：《论萨宾》第 31 卷

如果占有人已经在一块土地上耕种或者播种了，随后土地被人追索之时他就不能再将所种之物取回。

D. 6. 1. 54   *Ulpianus libro sexto opinionum*

Inter officium advocationis et rei suae defensionem multum
interest: nec propterea quis, si postea cognoverit rem ad se perti-
nere, quod alii eam vindicanti tunc ignorans suam esse adsiste-
bat, dominium suum amisit.

D. 6. 1. 55   *Iulianus libro quinquagensimo quinto di-*
gestorum

Si possessor fundi ante iudicium acceptum duobus heredibus
relictis decesserit et ab altero ex his, qui totum fundum possidebat, totus petitus fuerit, quin in solidum condemnari debeat, du-
bitari non oportet.

D. 6. 1. 56   *Iulianus libro septuagensimo octavo diges-*
torum

Vindicatio non ut gregis, ita et peculii recepta est, sed res
singulas is, cui legatum peculium est, petet.

D. 6, 1, 54 乌尔比安:《观点集》第 6 卷

辩护人的功能和对自己的物进行辩护两者之间存在着很大的差别;正因为如此,最初在不知道某物可能属于自己的情况下帮助他人要求返还该物,后来意识到该物本身就属于他自己,他将不会因此而失去对该物的所有权。

D. 6, 1, 55 尤里安:《学说汇纂》第 55 卷

如果一块土地的占有人在争讼之前去世并留下了两个继承人,并且【这块土地】通过向两者中占有整块土地的继承人提出原物返还,无疑应当对整块【土地】进行判决。

D. 6, 1, 56 同一作者:《学说汇纂》第 78 卷

对于特有产的要求返还不能像对羊群的那样处理,特有产受遗赠人将通过诉讼分别要求返还各单独的物。

D. 6. 1. 57   *Alfenus libro sexto digestorum*

Is a quo fundus petitus erat ab alio eiusdem fundi nomine conventus est: quaerebatur, si alterutri eorum iussu iudicis fundum restituisset et postea secundum alterum petitorem res iudicaretur, quemadmodum non duplex damnum traheret. respondi, uter prior iudex iudicaret, eum oportere ita fundum petitori restitui iubere, ut possessori caveret vel satisdaret, si alter fundum evicisset, eum praestare.

D. 6. 1. 58   *Paulus libro tertio epitomarum Alfeni digestorum*

A quo servus petebatur et eiusdem servi nomine cum eo furti agebatur, quaerebat, si utroque iudicio condemnatus esset, quid se facere oporteret. si prius servus ab eo evictus esset, respondit, non oportere iudicem cogere, ut eum traderet, nisi ei satisdatum esset, quod pro eo homine iudicium accepisset, si quid ob eam rem datum esset, id recte praestari. sed si prius de furto iudicium factum esset et hominem noxae dedisset, deinde de ipso homine secundum petitorem iudicium factum esset, non debere ob eam rem iudicem, quod hominem non traderet, litem aestimare, quoniam nihil eius culpa neque dolo contigisset, quo minus hominem traderet.

D. 6，1，57 阿尔芬:《学说汇纂》第 6 卷

在要求返还土地诉讼的被告人，同时也因同一块土地在另外诉讼中而被起诉时，产生了以下这个问题：即当他已经根据法官的判决将土地归还给两个【原告】中的一个，然后【另外一个诉讼中的】争议被原告胜诉，会不会给他带来一个双重责任。我答复：那个先判决的法官应当命令占有人以这样的方式向原告归还土地即：万一另外一个【原告】向其追索土地，【后者】提供要式口约担保或者向【败诉的】占有人提供担保人。

D. 6，1，58 保罗:《阿尔芬〈学说汇纂〉摘要》第 3 卷

被起诉要求返还奴隶并且同时针对他还提起了由该奴隶实施的盗窃引起的盗窃之诉的人提出了一个问题：当他在两个案件中都败诉了该怎么办。答复说，如果在第一个案件奴隶被索回，法官不应该强迫其交出【该奴隶】，除非他获得担保即他因该奴隶而涉入【向其提出的盗窃】诉讼中可能的损失不用承担责任。如果相反，第二个盗窃之诉先结案，他进行了损害投偿；随后在追索该奴隶的另一案件中原告胜诉，法官不能因为被告没有交出奴隶而对争议标的进行估计，因为没有交出奴隶这一事实并不能归咎于被告的过失或者故意。

D. 6. 1. 59 *Iulianus libro sexto ex Minicio*

Habitator in aliena aedificia fenestras et ostia imposuit,
eadem post annum dominus aedificiorum dempsit: quaero, is qui
imposuerat possetne ea vindicare. respondit posse: nam quae
alienis aedificiis conexa essent, ea quamdiu iuncta manerent, eo-
rundem aedificiorum esse, simul atque inde dempta essent, con-
tinuo in pristinam causam reverti.

D. 6. 1. 60 *Pomponius libro vicensimo nono ad Sabi-num*

Quod infans vel furiosus possessor perdidit vel corrupit, im-
punitum est.

D. 6. 1. 61 *Iulianus libro sexto ex Minicio*

Minicius interrogatus, si quis navem suam aliena materia
refecisset, num nihilo minus eiusdem navis maneret, respondit
manere. sed si in aedificanda ea idem fecisset, non posse *Iulia-nus notat*: nam proprietas totius navis carinae causam sequitur.

D. 6, 1, 59　尤里安:《评米尼奇》第 6 卷

住在他人房屋中的人安装了窗和门,房屋的所有权人在一年之后拆除了它们。我提出疑问,安装者能否要求返还。答复说可以:因为那些被结合到他人建筑物之上的物,在保持结合状况之时属于该建筑物,但是,一旦被拆除就不属于了,马上回复到最初的法律状态了。

D. 6, 1, 60　彭波尼:《论萨宾》第 29 卷

占有人是幼儿或者精神病人之时,他将不会因丧失或者毁坏的物而被追究。

D. 6, 1, 61　尤里安:《评米尼奇》第 6 卷

米尼奇被问道,如果某人用他人的材料维修了自己的船,那么该轮船是否还是原来的所有人的,回答说还是。但是,如果在造船的时候做了同样的事情,这就不可能了。尤里安注释到:因为整个轮船的所有权是根据船的水下体的法律状况【来确定】的。

D. 6. 1. 62pr.   *Papinianus libro sexto quaestionum*

Si navis a malae fidei possessore petatur, et fructus aestimandi sunt, ut in taberna et area quae locari solent. quod non
est ei contrarium, quod de pecunia deposita, quam heres non at-
tingit, usuras praestare non cogitur: nam etsi maxime vectura sicut usura non natura pervenit, sed iure percipitur, tamen ideo
vectura desiderari potest, quoniam periculum navis possessor petitori praestare non debet, cum pecunia periculo dantis faenere-
tur.

D. 6. 1. 62. 1

Generaliter autem cum de fructibus aestimandis quaeritur,
constat animadverti debere, non an malae fidei possessor fruitus
sit, sed an petitor frui potuerit, si ei possidere licuisset. quam
sententiam Iulianus quoque probat.

D. 6，1，62pr.　帕比尼安:《问题集》第 6 卷

如果向恶意占有人提起诉讼要求返还一艘船，对于孳息应该予以估价，就像我们对待被出租的店铺和场地的方式被估价。这与以下事实并不矛盾，即【自认为是】继承人【的人】对于【被继承人】所寄存的金钱，如果没有使用，则不必交出利息，因为虽然从一特定的角度来看，租金如同利息一样，并不是自然产生，而是根据法律创设出来的；然而对于租金可以要求，因为轮船的占有人没有义务向原告就风险承担责任，而金钱是以出借人承担风险的形式被出借生息。

D. 6，1，62，1

相反，通常对孳息的计算问题，不应该考虑恶意占有人是否获取了一些孳息，而是【更确切地说】如果当初原告获得了占有，那么他是否能够获取这些孳息。尤里安也赞同此观点。

D. 6. 1. 63   *Papinianus libro duodecimo quaestionum*

Si culpa, non fraude quis possessionem amiserit, quoniam
pati debet aestimationem, audiendus erit a iudice, si desideret,
ut adversarius actione sua cedat: cum tamen praetor auxilium
quandoque laturus sit quolibet alio possidente, nulla captione ad-
ficietur. ipso quoque, qui litis aestimationem perceperit, possidente debet adiuvari: nec facile audiendus erit ille, si velit postea pecuniam, quam ex sententia iudicis periculo iudicati recepit,
restituere.

D. 6. 1. 64   *Papinianus libro vicensimo quaestionum*

Cum in rem agitur, eorum quoque nomine, quae usui non
fructui sunt, restitui fructus certum est.

D. 6. 1. 65pr.   *Papinianus libro secundo responsorum*

Emptor praedium, quod a non domino emit, exceptione doli
posita non aliter restituere domino cogetur, quam si pecuniam
creditori eius solutam, qui pignori datum praedium habuit, usu-
rarumque medii temporis superfluum reciperaverit, scilicet si minus in fructibus ante litem perceptis fuit: nam eos usuris novis
dumtaxat compensari sumptuum in praedium factorum exemplo
aequum est.

D. 6，1，63 帕比尼安：《问题集》第12卷

如果某人出于过失而非欺诈丧失了占有，由于他必须支付【诉讼标的物的】估价，如果他要求对方当事人向他转移【要求返还的】诉权，应当得到法官的支持。因为无论如何，当面对其他任何占有人之时，他将得到裁判官的支持而不受任何损失。即使是当初获取了诉讼物估价的对方当事人占有【该物】，被告也应当得到帮助；相反原告如果想将最初根据法官的判决而得到的那笔钱返还并因此损害了被告的利益，他的要求将不应被接受。

D. 6，1，64 同一作者：《问题集》第20卷

当提起对物之诉时，对于那些在使用中获益但不【直接】产生孳息的物的孳息也无疑应当被返还。

D. 6，1，65pr. 同一作者：《解答集》第2卷

土地的买受人从非所有权人处购买了土地，在提出恶意抗辩后，只在当他重新获得了【其】向所有权人的债权人——该土地作为担保物而交给了他——所支付的那笔钱以及在此期间产生的利息之时，他才有义务交出土地；不言而喻，如果在诉讼之前收取了【比所支付价金所应当产生的利息】较少的孳息，那么将【孳息】与利息进行抵销是公平的，就像为土地而支出的费用【与孳息】抵销一样。

D. 6. 1. 65. 1   *Papinianus libro secundo responsorum*

Ancillam, quae non in dotem data, sed in peculium filiae concessa est, peculio filiae non legato mancipium hereditarium esse convenit. si tamen pater dotis ac peculii contemplatione filiam exheredavit et ea ratione reddita nihil ei testamento reliquit aut eo minus legavit, filiam defensio tuebitur voluntatis.

D. 6. 1. 66   *Paulus libro secundo quaestionum*

Non ideo minus recte quid nostrum esse vindicabimus, quod abire a nobis dominium speratur, si condicio legati vel libertatis extiterit.

D. 6. 1. 67   *Scaevola libro primo responsorum*

A tutore pupilli domum mercatus ad eius refectionem fabrum induxit: is pecuniam invenit: quaeritur ad quem pertineat. respondi, si non thensauri fuerunt, sed pecunia forte perdita vel per errorem ab eo ad quem pertinebat non ablata, nihilo minus eius eam esse, cuius fuerat.

D. 6, 1, 65, 1

女奴不是以嫁妆的名义而是以特有产的名义授予女儿，当特有产没有遗赠给该女儿之时，认为该女奴属于遗产的一部分【的观点】是恰当的。然而，如果父亲考虑到嫁妆或者特有产而未将女儿列入继承人范围，因此在遗嘱上没有留下任何东西或者在遗赠中留给她的遗产少【于女奴的价值】，对父亲意愿【即表现为授予特有产】的探求将保护女儿。

D. 6, 1, 66 保罗：《问题集》第 2 卷

因为遗赠或者奴隶解放的条件即将成就而使得我们预期失去对其的所有权，我们主张它们是属于我们的并非不正当。

D. 6, 1, 67 夏沃拉：《解答集》第 1 卷

某人从未成年人的监护人处购得楼房，然后请了一个工人来维修它，他【在房子里】发现了一些钱。有人提问这笔钱归谁所有。答复说：如果这不是一笔埋藏物，而是一笔以前主人偶然丢失或者因为错误而没有带走的钱财，那么还是属于原先拥有它的那个人。

D. 6. 1. 68   *Ulpianus libro quinquagensimo primo ad edictum*

Qui restituere iussus iudici non paret contendens non posse restituere, si quidem habeat rem, manu militari officio iudicis ab eo possessio transfertur et fructuum dumtaxat omnisque causae nomine condemnatio fit. si vero non potest restituere, si quidem dolo fecit quo minus possit, is, quantum adversarius in litem sine ulla taxatione in infinitum iuraverit, damnandus est. si vero nec potest restituere nec dolo fecit quo minus possit, non pluris quam quanti res est, id est quanti adversarii interfuit, condemnandus est. haec sententia generalis est et ad omnia, sive interdicta sive actiones in rem sive in personam sunt, ex quibus arbitratu iudicis quid restituitur, locum habet.

D. 6. 1. 69   *Paulus libro tertio decimo ad Sabinum*

Is qui dolo fecit quo minus possideret hoc quoque nomine punitur, quod actor cavere ei non debet actiones quas eius rei nomine habeat, se ei praestaturum.

D. 6. 1. 70   *Pomponius libro vicensimo nono ad Sabinum*

Nec quasi Publicianam quidem actionem ei dandam placuit, ne in potestate cuiusque sit per rapinam ab invito domino rem iusto pretio comparare.

D. 6, 1, 68 乌尔比安:《论告示》第 51 卷

被责令返还某物的一方拒不服从法官命令,并坚持说他不能返还,如果他占有该物,那么法官将根据公权力剥夺其占有,并将判决他返还【被占有物】所生的孳息和一切利益。若不能返还是其故意所致,判决他赔偿的数额应是对方宣誓确定的数额,法官对此数额不做最高额的限制;如果不能返还也并非其故意导致的,判决他赔偿的数额便不得超过物的价值,即对方的利益。这种处理具有一般通用性,它适用于法官责令返还某物的一切程序,包括令状、对物之诉和对人之诉。

D. 6, 1, 69 保罗:《论萨宾》第 13 卷

以恶意的方式导致不占有的人会因此而承担如下不利后果,即原告不必向其提供裁判官要式口约以担保其【受转让后】行使【原告】因为这些物而拥有的诉权。

D. 6, 1, 70 彭波尼:《论萨宾》第 29 卷

赋予其类似普布里其之诉的诉权被认为不恰当,这是为了不让某人通过盗窃,以正常的价格从一个非自愿的所有权人处购买某物。

D. 6. 1. 71   *Paulus libro tertio decimo ad Sabinum*

Quod si possessor quidem dolo fecit, actor vero iurare non vult, sed quanti res sit adversarium condemnari maluit, mos ei gerendus est.

D. 6. 1. 72   *Ulpianus libro sexto decimo ad edictum*

Si a Titio fundum emeris Sempronii et tibi traditus sit pretio soluto, deinde Titius Sempronio heres extiterit et eundem alii vendiderit et tradiderit, aequius est, ut tu potior sis. nam et si ipse venditor eam rem a te peteret, exceptione eum summoveres. sed et si ipse possideret et tu peteres, adversus exceptionem dominii replicatione utereris.

D. 6. 1. 73pr.   *Ulpianus libro septimo decimo ad edictum*

In speciali actione non cogitur possessor dicere, pro qua parte eius sit: hoc enim petitoris munus est, non possessoris: quod et in Publiciana observatur.

D. 6. 1. 73. 1

Superficiario.

D. 6, 1, 71　保罗：《论萨宾》第 13 卷

此外，如果占有人恶意【使自己不占有】，而原告不愿意【就诉讼标的物的价值】宣誓而更愿意根据法官对该物的价值的判断来判处占有人，他的这一愿望应当得到支持。

D. 6, 1, 72　乌尔比安：《论告示》第 16 卷

如果你从提丘那里购买了一块属于塞普洛尼奥的土地，你支付了价金而土地也被交付给你【但是你并没有因此成为所有权人】；然后提丘成为了塞普洛尼奥的继承人并且将同一块土地出售并交付给另外一个人，你应当得到优先保护是公平的。因为，即使是出售人自己通过诉讼向你要求返还该物，你可以以【物已经被出售并且已经交付的】这一抗辩来拒绝该请求。但是如果是他自己占有而你【以普布里其之诉】向其要求之，针对他【提出】的【所有权】抗辩（exceptionem domini），你可以【恶意抗辩】反驳之。

D. 6, 1, 73pr.　同一作者：《论告示》第 17 卷

在特别的【对物】诉讼中，占有人没有义务说明物的哪一部分是属于他的，因为这是原告的义务，而不是占有人的义务。这在普布里其之诉中也将考虑。

D. 6, 1, 73, 1

对于地上权人。

D. 6. 1. 74 *Paulus libro vicensimo primo ad edictum*

id est qui in alieno solo superficiem ita habeat, ut certam pensionem praestet.

D. 6. 1. 75 *Ulpianus libro sexto decimo ad edictum*

praetor causa cognita in rem actionem pollicetur.

D. 6. 1. 76pr. *Gaius libro septimo ad edictum provinciale*

Quae de tota re vindicanda dicta sunt, eadem et de parte intellegenda sunt, officioque iudicis continetur pro modo partis ea quoque restitui iubere, quae simul cum ipsa parte restitui debent.

D. 6. 1. 76. 1

Incertae partis vindicatio datur, si iusta causa interveniat. iusta autem causa esse potest, si forte legi Falcidiae locus sit in testamento, propter incertam detractionem ex legatis, quae vix apud iudicem examinatur: iustam enim habet ignorantiam legatarius, cui homo legatus est, quotam partem vindicare debeat: itaque talis dabitur actio. eadem et de ceteris rebus intellegemus.

D. 6, 1, 74　保罗：《论告示》第21卷

即以支付确定的租金的方式对他人的土地拥有地上权的人。

D. 6, 1, 75　乌尔比安：《论告示》第16卷

裁判官在预先审查诉因之后授予一项对物之诉诉权。

D. 6, 1, 76pr.　盖尤斯：《论行省告示》第7卷

我们就请求返还整个物所说的那些规则，应被理解为同样地适用于请求返还物的一部分，法官的职责在于命令那些应当与该部分本身一起返还的物按照该部分物的比例来返还。

D. 6, 1, 76, 1

如有正当理由，就允许就物的未确定部分提起返还之诉。比如说由于要从遗赠物中剥离出一部分，而该部分只能由法官才能确定下来，此时适用《法尔其弟法》，那么可以说存在正当理由。被遗赠奴隶的受遗赠人，因为有理由不知道【哪些是】所应当要求返还的部分，因而他应当被赋予这样的一项诉权。这一规则也同样适用于其它情况。

D. 6. 1. 77   *Ulpianus libro septimo decimo ad edictum*

Quaedam mulier fundum non marito donavit per epistulam et eundem fundum ab eo conduxit: posse defendi in rem ei competere, quasi per ipsam adquisierit possessionem veluti per colonum [1]. proponebatur, quod etiam in eo agro qui donabatur fuisset, cum epistula emitteretur: quae res sufficiebat ad traditam possessionem, licet conductio non intervenisset.

D. 6. 1. 78   *Labeo libro quarto pithanon a Paulo epitomarum*

Si eius fundi, quem alienum possideres, fructum non coegisti, nihil eius fundi fructuum nomine te dare oportet. *Paulus*. Immo, quaeritur: huius fructus idcirco factus est, quod is eum suo nomine perceperit? perceptionem fructus accipere debemus non si perfecti collecti, sed etiam coepti ita percipi, ut terra continere se fructus desierint: veluti si olivae uvae lectae, nondum autem vinum oleum ab aliquo factum sit: statim enim ipse accepisse fructum existimandus est.

D. 6. 1. 79   *Labeo libro sexto pithanon a Paulo epitomarum*

Si hominem a me petieris et is post litem contestatam mortuus sit, fructus quoad is vixerit aestimari oportet. *Paulus*. Ita id verum esse puto, si non prius is homo in eam valetudinem inciderit, propter quam operae eius inutiles factae sunt: nam ne si vixisset quidem in ea valetudine, fructus eius temporis nomine aestimari conveniret.

---

[1] ⌜colonam⌝ vd. Mo-Kr. nt. 2.

D. 6，1，77　乌尔比安:《论告示》第 17 卷

一位妇女通过书信将一块土地赠予非她丈夫的一个人，这位妇女又从他那里租赁了该土地。可以认为该人有权提出对物之诉，他通过该妇女取得了占有，就如通过一个承租人【获得占有】。此外对于那个获得土地的人，若当信寄出之时已经在该块土地之上了，这一事实已经足以构成占有的转移，即使不存在对该土地的租赁。

D. 6，1，78　拉贝奥:《保罗学说摘要》第 4 卷

如果你没有收取你所占有的他人土地上的果实，那么你就不必交出任何该土地的孳息。保罗:有人提出这样的一个问题:占有人以自己的名义收取的孳息将变成他的吗? 我们应该【这样】理解收取孳息，即不仅包括孳息被完全收取之时，而且也包括开始收取以使得【它们】不再与土地相关联之时。比如说，收取了橄榄或者葡萄，但是还没有制成油或者葡萄酒，应当认为他已经收取了孳息。

D. 6，1，79　同一作者:《保罗学说摘要》第 6 卷

如果你向我要求返还一个奴隶，而该奴隶在争讼期间死亡了，则应该计算他活着的时候的孳息。保罗:我认为这一观点只是在下面情况下正确:如果该奴隶在此前没有患有致使他的劳动没有意义的疾病;因此如果患有这类病但是活着，对那段时间里他的劳动所得【孳息】进行计算是不正确的。

D. 6. 1. 80 *Furius Anthianus libro primo ad edictum*

In rem actionem pati non compellimur, quia licet alicui dicere se non possidere, ita ut, si possit adversarius convincere rem ab adversario possideri, transferat ad se possessionem per iudicem, licet suam esse non adprobaverit.

D. 6, 1, 80　富里·安第尔:《论告示》第 1 卷

　　我们将不被迫在对物之诉中进行应诉，因为可以合法地声称不占有；因此，如果诉讼一方可以证明某物由对方当事人占有着，他可以通过法官将之转移为自己占有，即使没有提供该物属于他的证明。

II

DE PUBLICIANA IN REM ACTIONE

D. 6. 2. 1pr.   *Ulpianus* libro sexto decimo ad edictum

Ait praetor: "Si quis id quod traditur ex iusta causa non a domino et nondum usucaptum petet, iudicium dabo".

D. 6. 2. 1. 1

Merito praetor ait "nondum usucaptum": nam si usucaptum est, habet civilem actionem nec desiderat honorariam.

D. 6. 2. 1. 2

Sed cur traditionis dumtaxat et usucapionis fecit mentionem, cum satis multae sunt iuris partes, quibus dominium quis nancisceretur? ut puta legatum.

第二节

论普布里其之诉

D. 6, 2, 1pr.　乌尔比安:《论告示》第16卷

裁判官说:"若请求人请求返还根据正当理由而由非所有权人交付给他的尚未被他通过时效取得的物,我将给予他诉权。"

D. 6, 2, 1, 1

裁判官正确地说道:"尚未被他通过时效取得",因为如果已被通过时效取得,他便享有市民法之诉权,而不需要荣誉法之诉权(actio honoraria)。

D. 6, 2, 1, 2

但是他为什么只提及"交付"和"时效取得"呢?用以取得所有权的法律根据很多,比如遗赠,

D. 6. 2. 2   *Paulus libro nono decimo ad edictum*

vel mortis causa donationes factae: nam amissa possessione competit Publiciana, quia ad exemplum legatorum capiuntur.

D. 6. 2. 3pr.   *Ulpianus libro sexto decimo ad edictum*

Sunt et aliae pleraeque.

D. 6. 2. 3. 1

Ait praetor: " ex iusta causa petet. " qui igitur iustam causam traditionis habet, utitur Publiciana: et non solum emptori bonae fidei competit Publiciana, sed et aliis, ut puta ei cui dotis nomine tradita res est necdum usucapta: est enim iustissima causa, sive aestimata res in dotem data sit sive non. item si res ex causa iudicati sit tradita,

D. 6. 2. 4   *Paulus libro nono decimo ad edictum*

vel solvendi causa,

D. 6. 2. 5   *Ulpianus libro sexto decimo ad edictum*

vel ex causa noxae deditionis, sive vera causa sit sive falsa.

D. 6, 2, 2 保罗：《论告示》第 19 卷

或者死因赠与？因为对于这些来讲，失去了占有时，就赋予其普布里其之诉诉权，是仿照遗赠被赋予的。

D. 6, 2, 3pr. 乌尔比安：《论告示》第 16 卷

还有其他许多【规定】。

D. 6, 2, 3, 1

裁判官说"出于正当理由……起诉要求某物"。因此，拥有正当理由获得交付的人，可以提起普布里其之诉。普布里其之诉诉权不仅赋予那些善意买受人，而且还赋予其他人，比如，赋予那些以嫁妆名义获得交付但是尚未时效取得的人。因为以嫁妆名义给予的财产，无论是否经过估价，理由都是非常正当的。同样，如果该物是因为判决而被交付，

D. 6, 2, 4 保罗：《论告示》第 19 卷

或者因为履行。

D. 6, 2, 5 乌尔比安：《论告示》第 16 卷

或者因为损害投偿，无论是理由是否成立。

D. 6. 2. 6 *Paulus libro nono decimo ad edictum*

Item si servum ex causa noxali, quia non defendebatur, iussu praetoris duxero et amisero possessionem, competit mihi Publiciana.

D. 6. 2. 7pr. *Ulpianus libro sexto decimo ad edictum*

Sed et si res adiudicata sit, Publiciana actio competit.

D. 6. 2. 7. 1

Si lis fuerit aestimata, similis est venditioni: et ait Iulianus libro vicensimo secundo digestorum, si optulit reus aestimationem litis, Publicianam competere.

D. 6. 2. 7. 2

Marcellus libro septimo decimo digestorum scribit eum, qui a furioso ignorans eum furere emit, posse usucapere: ergo et Publicianam habebit.

D. 6. 2. 7. 3

Sed et si quis ex lucrativis causis rem accepit, habet Publicianam, quae etiam adversus donatorem competit: est enim iustus possessor et petitor, qui liberalitatem accepit.

D. 6，2，6　保罗:《论告示》第 19 卷

同样，如果在一项投偿之诉中，因对方没有辩护，我根据裁判官的命令从对方那里得到了一个奴隶，随后又失去了【对该奴隶的】占有，我被赋予普布里其之诉诉权。

D. 6，2，7pr.　乌尔比安:《论告示》第 16 卷

而且如果【在一项分割之诉中】判处【属于第三人的】物归属某人，该人也被赋予普布里其之诉诉权。

D. 6，2，7，1

如果诉讼标的物被估价了，那么情况就与出售类似；尤里安在《学说汇纂》第 22 卷中说，如果被告提出支付诉讼估价，他将被赋予普布里其之诉诉权。

D. 6，2，7，2

马尔切罗在《学说汇纂》第 17 卷中写道，不知情而从精神病人处购买的人，可以时效取得，因此【同理】也将获得普布里其之诉诉权。

D. 6，2，7，3

即使某人以免费的方式获得了某物，他依然有权提起普布里其之诉，并且可以对抗赠予者。因为获得赠物（liberatitas）的人，是正当的占有人和原告。

D. 6. 2. 7. 4

Si a minore quis emerit ignorans eum minorem esse, habet Publicianam.

D. 6. 2. 7. 5

Sed et si permutatio facta sit, eadem actio competit.

D. 6. 2. 7. 6

Publiciana actio ad instar proprietatis, non ad instar possessionis respicit.

D. 6. 2. 7. 7

Si petenti mihi rem iusiurandum detuleris egoque iuravero rem meam esse, competit Publiciana mihi, sed adversus te dumtaxat: ei enim soli nocere debet iusiurandum, qui detulit. sed si possessori delatum erit iusiurandum et iuraverit rem petitoris non esse, adversus eum solum petentem exceptione utetur, non ut et habeat actionem.

D. 6. 2. 7. 8

In Publiciana actione omnia eadem erunt, quae et in rei vindicatione diximus.

D. 6, 2, 7, 4

如果某人在不知情的情况下从一个未成年人处购买【某物】，将获得普布里其之诉诉权。

D. 6, 2, 7, 5

即使是因互易取得【某物】，也将获得这一诉权。

D. 6, 2, 7, 6

普布里其之诉参照所有权而不是占有的模式。

D. 6, 2, 7, 7

如果你在我起诉要求返还某物后向我提交一项誓言，我将发誓说该物是属于我的，我将被赋予普布里其之诉的诉权，但是只能针对你提出。因为，誓言只应对做出该誓言的人构成不利。如果誓言是向占有人做出的，该誓言说该物属于原告；占有人只能针对起诉者采用誓言抗辩（solum petentem exceptione），相反他不能提起【此】诉。

D. 6, 2, 7, 8

我们就原物返回之诉中所论述的那些规则，同样适用于普布里其之诉。

D. 6. 2. 7. 9

Haec actio et heredi et honorariis successoribus competit.

D. 6. 2. 7. 10

Si ego non emero, sed servus meus, habebo Publicianam. idem est et si procurator meus vel tutor vel curator vel quis alius negotium meum gerens emerit.

D. 6. 2. 7. 11

Praetor ait: "qui bona fide emit." non igitur omnis emptio proderit, sed ea, quae bonam fidem habet: proinde hoc sufficit me bonae fidei emptorem fuisse, quamvis non a domino emerim, licet ille callido consilio vendiderit: neque enim dolus venditoris mihi nocebit.

D. 6. 2. 7. 12

In hac actione non oberit mihi, si successor sum et dolo feci, cum is, in cuius locum successi, bona fide emisset: nec proderit, si dolo careo, cum emptor, cui successi, dolo fecisset.

D. 6, 2, 7, 9

该诉诉权既赋予意定继承人，也可以赋予基于荣誉法【确定的】法定继承人。

D. 6, 2, 7, 10

如果不是我自己亲自而是通过我的奴隶购买【了某物】，我也将被赋予普布里其之诉的诉权。如果由我的代理人，或者我的监护人、保佐人或者其他任何管理我事务的人购买，适用同样的规则。

D. 6, 2, 7, 11

裁判官说"善意买受人"。因此，仅仅是买卖是不够的，而是指那些以善意完成的买卖。因此，我是一个善意买受人这一点就足够了，尽管不是从所有权人处购得；即使出售人怀有狡诈的意图，不能因出售人的恶意而对我产生不利。

D. 6, 2, 7, 12

如我的被继承人以善意购买【了某物】，作为继承人的我的恶意行为对我在本诉中不会构成障碍；同时，如果作为我的被继承人的购买者是恶意的，那么即使我本身并不是恶意，在本诉中也不能给我带来利益。

D. 6. 2. 7. 13

Sed enim si servus meus emit, dolus eius erit spectandus, non meus, vel contra.

D. 6. 2. 7. 14

Publiciana tempus emptionis continet, et ideo neque quod ante emptionem neque quod postea dolo malo factum est in hac actione deduci Pomponio videtur.

D. 6. 2. 7. 15

Bonam autem fidem solius emptoris continet.

D. 6. 2. 7. 16

Ut igitur Publiciana competat, haec debent concurrere, ut et bona fide quis emerit et ei res empta eo nomine sit tradita: ceterum ante traditionem, quamvis bonae fidei quis emptor sit, experiri Publiciana non poterit.

D. 6, 2, 7, 13

正因如此，如果是通过我的奴隶购买了，那么将考虑的是他的恶意而不是我的，反之亦然。

D. 6, 2, 7, 14

普布里其之诉中在买卖【缔结完成】之时【判断善意】，因此彭波尼认为该诉中买卖之前或之后的恶意不能【在诉讼中】被采纳。

D. 6, 2, 7, 15

但是，此诉考虑的善意仅仅是指买受人的。

D. 6, 2, 7, 16

因此，为使能够赋予普布里其之诉诉权，同时需要以下事项：某人以善意购买；标的物已经以该名义交付给他。相反在交付之前，即使某人是善意的买受人，他也不能提起普布里其之诉。

D. 6. 2. 7. 17

Iulianus libro septimo digestorum scripsit traditionem rei emptae oportere bona fide fieri: ideoque si sciens alienam possessionem adprehendit, Publiciana eum experiri non posse, quia usucapere non poterit. nec quisquam putet hoc nos existimare sufficere initio traditionis ignorasse rem alienam, uti quis possit Publiciana experiri, sed oportere et tunc bona fide emptorem esse.

D. 6. 2. 8   *Gaius libro septimo ad edictum provinciale*

De pretio vero soluto nihil exprimitur: unde potest coniectura capi, quasi nec sententia praetoris ea sit, ut requiratur, an solutum sit pretium.

D. 6. 2. 9pr.   *Ulpianus libro sexto decimo ad edictum*

Sive autem emptori res tradita est sive heredi emptoris, Publiciana competit actio.

D. 6. 2. 9. 1

Si quis rem apud se depositam vel sibi commodatam emerit vel pignori sibi datam, pro tradita erit accipienda, si post emptionem apud eum remansit.

D. 6, 2, 7, 17

尤里安在《学说汇纂》第 7 卷中写道：买卖标的物应当以善意的状况完成交付。因此如果某人在知情的情况下从他人处取得了占有，不能赋予其普布里其之诉诉权，因为他不能时效取得。更不要认为我们觉得在交付之前不知道该物是属于其他人的就足以提起普布里其之诉。事实上我们认为买受人在【购买之时】也应当是善意的。

D. 6, 2, 8 盖尤斯：《论行省告示》第 7 卷

确实，【在告示中】没有提及支付价金，因此可以这样设想，即裁判官的规定不考虑价金是否支付。

D. 6, 2, 9pr. 乌尔比安：《论告示》第 16 卷

无论标的物交付给买受人还是给买受人的继承人，都能赋予普布里其之诉诉权。

D. 6, 2, 9, 1

如果某人购买了委托其保管的物，或者由其使用借贷的物，或者质押于其处的物，只要在买卖之后还留在他那里，那么被认为已经交付了。

D. 6. 2. 9. 2

Sed et si praecessit traditio emptionem, idem erit dicendum.

D. 6. 2. 9. 3

Item si hereditatem emero et traditam mihi rem hereditariam petere velim, Neratius scribit esse Publicianam.

D. 6. 2. 9. 4

Si duobus quis separatim vendiderit bona fide ementibus, videamus, quis magis Publiciana uti possit, utrum is cui priori res tradita est an is qui tantum emit. et Iulianus libro septimo digestorum scripsit, ut, si quidem ab eodem non domino emerint, potior sit cui priori res tradita est, quod si a diversis non dominis, melior causa sit possidentis quam petentis. quae sententia vera est.

D. 6. 2. 9. 5

Haec actio in his quae usucapi non possunt, puta furtivis vel in servo fugitivo, locum non habet.

D. 6, 2, 9, 2

即使交付完成于买卖之前，结论还是一样的。

D. 6, 2, 9, 3

内拉蒂写道：如果我将购买【他人的】遗产，我想通过诉讼要求此前已经交付给我的遗产物，同样将被赋予普布里其之诉诉权。

D. 6, 2, 9, 4

如果某人【将同一物】分别出售给两个善意的买受人，如果一方是先得到交付，而另一方则仅仅是【先】购买，我们来看他们中的哪一位将优先获得普布里其之诉诉权。尤里安在《学说汇纂》第7卷中写道，如果他们是从同一位非所有权人处购买的，那么最先获得交付的人处于优先地位；相反如果是从不同的非所有权人处购买的，那么相对于起诉请求物的人，占有的人处于优先的地位。此观点是正确的。

D. 6, 2, 9, 5

对于那些无法时效取得的物不适应本诉，比如盗窃物或者逃亡的奴隶。

D. 6. 2. 9. 6

Si servus hereditarius ante aditam hereditatem aliquam rem emerit et traditam sibi possessionem amiserit, recte heres Publiciana utitur, quasi ipse possedisset. municipes quoque, quorum servo res tradita est, in eadem erunt condicione.

D. 6. 2. 10   *Paulus libro nono decimo ad edictum*

sive peculiari nomine servus emerit sive non.

D. 6. 2. 11pr.   *Ulpianus libro sexto decimo ad edictum*

Si ego emi et mea voluntate alii res sit tradita, imperator Severus rescripsit Publicianam illi dandam.

D. 6. 2. 11. 1

Si de usu fructu agatur tradito, Publiciana datur: itemque servitutibus urbanorum praediorum per traditionem constitutis vel per patientiam (forte si per domum quis suam passus est aquae ductum transduci): item rusticorum, nam et hic traditionem et patientiam tuendam constat.

D. 6，2，9，6

如果在遗产被接受之前，作为遗产物之一的某奴隶购买了某物，在向他交付之后他又失去了【对该物的】占有，继承人将可以正确地提起普布里其之诉，就如同他自己本人曾经占有过一样。对于自治市，如果向其奴隶交付过某物，则处于相同的情况，

D. 6，2，10　保罗：《论告示》第 19 卷

无论奴隶是否以自己的特有产的名义购买。

D. 6，2，11pr.　乌尔比安：《论告示》第 16 卷

如果我购买了某物，根据自己的愿望该物被交付给另外一个人，塞维鲁皇帝（Severus）在批复中规定赋予后者普布里其之诉诉权。

D. 6，2，11，1

如果就用益权来起诉，只要用益物被交付过，则赋予其普布里其之诉诉权。对于或者通过交付或者通过对行使役权的容忍——比如，如果有人容忍他人的水渠通过他的家——所构成的城市役权也一样；对于乡村役权也一样，因为交付和容忍在这里应当得到同样的保护。

D. 6. 2. 11. 2

Partus ancillae furtivae, qui apud bonae fidei emptorem conceptus est, per hanc actionem petendus est, etiamsi ab eo qui emit possessus non est. sed heres furis hanc actionem non habet, quia vitiorum defuncti successor est.

D. 6. 2. 11. 3

Interdum tamen, licet furtiva mater distracta non sit, sed donata ignoranti mihi et apud me conceperit et pepererit, competit mihi in partu Publiciana, ut Iulianus ait, si modo eo tempore, quo experiar, furtivam matrem ignorem.

D. 6. 2. 11. 4

Idem Iulianus generaliter dicit, ex qua causa matrem usucapere possem, si furtiva non esset, ex ea causa partum me usucapere, si furtivam esse matrem ignorabam: ex omnibus igitur causis Publicianam habebo.

D. 6, 2, 11, 2

通过此诉，可以起诉要求被抢走的女奴在善意买受人处怀孕而生下来的婴儿，即使他对此从没有占有过。但是窃贼的继承人不享有本诉权，因为他是死者【占有】瑕疵的继承人。

D. 6, 2, 11, 3

然而有时候，即使女奴不是被出售的，而是赠送给我而我不知道【她来源于盗窃】，在我处她怀孕并且生育了，我有权就婴儿提出普布里其之诉，就如尤里安所说的，只要在我提起诉讼之时不知道婴儿的母亲是被盗窃来的。

D. 6, 2, 11, 4

同一位尤里安更一般性地谈道，基于那个假定女奴不是盗窃得来的我就能够时效取得的原因，基于同样的理由我也能够时效取得她的婴儿，只要我不知道她的母亲是盗窃得来的。因此，基于这些理由，我将被赋予普布里其之诉诉权。

D. 6. 2. 11. 5

Idem est et si ex partu partus est et si non natus, sed post mortem matris exsecto ventre eius extractus est, ut et Pomponius libro quadragensimo scripsit.

D. 6. 2. 11. 6

Idem ait aedibus emptis, si fuerint dirutae, ea quae aedificio accesserunt huiusmodi actione petenda.

D. 6. 2. 11. 7

Quod tamen per alluvionem fundo accessit, simile fit ei cui accedit: et ideo si ipse fundus Publiciana peti nec [1] potest, non hoc petetur, si autem potest, et ad partem, quae per alluvionem accessit: et ita Pomponius scribit.

D. 6. 2. 11. 8

Idem adicit et si statuae emptae partes recisae petantur, similem actionem proficere.

---

[1] ⌜non⌝ vd. Mo-Kr. nt. 6.

D. 6, 2, 11, 5

对于婴儿的后代也同样适用同一规则，并且即使她没有被自然生育出来而是在其母亲去世之后通过剖腹取出来的，这正如彭波尼在《论告示》第 40 卷中所写道的。

D. 6, 2, 11, 6

同一位【彭波尼】说，如果购买来的建筑物毁坏了，可以适用本诉来要求返还那些原本附属建筑的物。

D. 6, 2, 11, 7

然而因为冲击沉淀而添附于土地的物，变成了与其所添附的物类似，因此，如果土地本身不能以普布里其之诉请求，那么该添附物也不能；相反如果是可以的，那么对于冲击沉淀形成的那部分也可以：彭波尼也这么写道。

D. 6, 2, 11, 8

同一位【彭波尼】补充道，如果起诉要求所购得的雕像脱落的部分，可以通过此诉获得保护。

D. 6. 2. 11. 9

Idem scribit, si aream emero et insulam in ea aedificavero, recte me Publiciana usurum.

D. 6. 2. 11. 10

Item, inquit, si insulam emi et ad aream ea pervenit, aeque potero uti Publiciana.

D. 6. 2. 12pr.   *Paulus libro nono decimo ad edictum*

Cum sponsus sponsae servum donasset eumque in dotem accepisset ante usucapionem, rescriptum est a divo Pio divortio facto restituendum esse servum: nam valuisse donationem inter sponsum et sponsam. dabitur ergo et possidenti exceptio et amissa possessione Publiciana, sive extraneus sive donator possideat.

D. 6, 2, 11, 9

同一位【彭波尼】写道，如果我购买一块土地并且在此之上建造一座楼房，我将可以正当地提起普布里其之诉。

D. 6, 2, 11, 10

同样，【彭波尼】说道，如果我购买了一座楼房，而楼房【倒塌后】只剩下了一块土地，我同样可以提起普布里其之诉。

D. 6, 2, 12pr.　保罗:《论告示》第 19 卷

未婚夫将一个奴隶赠送给未婚妻，在【后者】时效取得【该奴隶】之前，又作为嫁资的形式得到了该奴隶，已故的【安东尼】庇护（Pius）皇帝以批复的形式规定道，在离婚之时该奴隶应当被返还给女方；因为在未婚夫和未婚妻之间的赠与是有效的。因此，对于占有人，赋予其抗辩权；如丧失了占有，无论是由外人占有或者赠与人本人占有，都赋予其普布里其之诉诉权。

D. 6. 2. 12. 1

Is cui ex Trebelliano hereditas restituta est, etiamsi non fuerit nactus possessionem, uti potest Publiciana.

D. 6. 2. 12. 2

In vectigalibus et in aliis praediis, quae usucapi non possunt, Publiciana competit, si forte bona fide mihi tradita est.

D. 6. 2. 12. 3

Idem est et si superficiariam insulam a non domino bona fide emero.

D. 6. 2. 12. 4

Si res talis sit, ut eam lex aut constitutio alienari prohibeat, eo casu Publiciana non competit, quia his casibus neminem praetor tuetur, ne contra leges faciat.

D. 6, 2, 12, 1

根据《特雷贝里安元老院决议》（senatusconsultum Tre-bellianum）获得遗产的遗产信托收益人，即使尚未取得占有也可以提起普布里其之诉。

D. 6, 2, 12, 2

对于赋税田和其他不能时效取得的土地，只要我是在善意的情况下被交付的，我有权提起普布里其之诉。

D. 6, 2, 12, 3

如果我在善意的情况下从非权利人处购得了与一楼房相连的地上权，那么结论是一样的。

D. 6, 2, 12, 4

如果一物处于法律或者皇帝的谕令禁止其转让的情况下，那么不能授予普布里其之诉，因为在这些案件中裁判官为了不做与法律相违背的事情，不保护任何人。

D. 6. 2. 12. 5

Publiciana actione etiam de infante servo nondum anniculo uti possumus.

D. 6. 2. 12. 6

Si pro parte quis rem petere vult, Publiciana actione uti potest.

D. 6. 2. 12. 7

Sed etiam is, qui momento possedit, recte hac actione experiretur.

D. 6. 2. 13pr.   *Gaius libro septimo ad edictum provinciale*

Quaecumque sunt iustae causae adquirendarum rerum, si ex his causis nacti res amiserimus, dabitur nobis earum rerum persequendarum gratia haec actio.

D. 6, 2, 12, 5

对于未满一周岁的婴儿奴隶，我们也可以适用普布里其之诉。

D. 6, 2, 12, 6

如果某人只是要求某物的一部分，也可以适用普布里其之诉。

D. 6, 2, 12, 7

对于占有时间很短暂的人，也可以赋予其普布里其之诉诉权。

D. 6, 2, 13pr.　盖尤斯：《论行省告示》第 7 卷

如果我们是基于那些获得物的正当理由而获得了物而随后又失去了它们，*出于追回这些物的目的，我们将被赋予本诉权。

---

* 这里是指买卖了，但是基于买卖行为的瑕疵等原因，买受方并未取得所有权的情况。——译者注

D. 6. 2. 13. 1

Interdum quibusdam nec ex iustis possessionibus competit Publicianum iudicium : namque pigneraticiae et precariae possessiones iustae sunt, sed ex his non solet competere tale iudicium, illa scilicet ratione, quia neque creditor neque is qui precario rogavit eo animo nanciscitur possessionem, ut credat se dominum esse.

D. 6. 2. 13. 2

Qui a pupillo emit, probare debet tutore auctore lege non prohibente se emisse. sed et si deceptus falso tutore auctore emerit, bona fide emisse videtur.

D. 6, 2, 13, 1

有时候，即使拥有正当的占有的人，也不能被赋予普布里其之诉诉权：出于质权和临时让与而占有的人都是有正当理由的，但是对于这些人通常不赋予本诉权，其原因是：无论是质权人还是要求以临时让与名义进行占有的人，都不是以自认为是所有权人的主观心素来取得占有的。

D. 6, 2, 13, 2

从未成年人处购买的人应当证明购买是获得了监护人的准可并且没有违反法律的禁止性规定。但是，如果在不知情的情况下得到一个假监护人的准可而购得，那么被视为他是在善意的情况下购得的。

D. 6. 2. 14   *Ulpianus libro sexto decimo ad edictum*

Papinianus libro sexto quaestionum scribit: si quis prohibuit vel denuntiavit ex causa venditionis tradi rem, quae ipsius voluntate a procuratore fuerat distracta, et is nihilo minus tradiderit, emptorem tuebitur praetor, sive possideat sive petat rem. sed quod iudicio empti procurator emptori praestiterit, contrario iudicio mandati consequetur: potest enim fieri, ut emptori res auferatur ab eo, qui venire mandavit, quia per ignorantiam non est usus exceptione, quam debuit opponere, veluti: "si non auctor meus ex voluntate tua vendidit".

D. 6. 2. 15   *Pomponius libro tertio ad Sabinum*

Si servus meus, cum in fuga sit, rem a non domino emat, Publiciana mihi competere debet, licet possessionem rei traditae per eum nactus non sim.

D. 6. 2. 16   *Papiniani libro decimo quaestionum Paulus notat*

Exceptio iusti dominii Publicianae obicienda est.

D. 6, 2, 14　乌尔比安:《论告示》第 16 卷

帕比尼安在《问题集》第 6 卷中写道:如果被代理人禁止或者命令代理人不要交付某物,而该物是此前代理人根据被代理人的意愿出售并交付了的,裁判官将保护买受人,无论是他占有了该物还是通过诉讼要求该物。当根据买卖之诉,代理人向买受人进行了给付,代理人自己将获得委托反诉(contrario iudicio mandati)。实际上可能发生这样的事情,即标的物被委托出售的人从买受人那里拿走了,因为出于无知,买受人没有利用原本可以提出的抗辩,比如"如果我的瑕疵担保人没有根据你的意愿出售"。

D. 6, 2, 15　彭波尼:《论萨宾》第 3 卷

如果我的奴隶在逃亡中从一个非所有权人处购得了某物,应当赋予我普布里其之诉诉权,即使我没有通过奴隶占有过向其交付的物。

D. 6, 2, 16　帕比尼安:《问题集》第 10 卷

保罗在帕比尼安《问题集》第 10 卷中注道:对于普布里其之诉可以提出正当所有权抗辩(exceptio iusti domini)。

D. 6. 2. 17   *Neratius libro tertio membranarum*

Publiciana actio non ideo comparata est, ut res domino auferatur: eiusque rei argumentum est primo aequitas, deinde exceptio "si ea res possessoris non sit": sed ut is, qui bona fide emit possessionemque eius ex ea causa nactus est, potius rem habeat.

D. 6, 2, 17　内拉蒂:《论羊皮纸书》第 3 卷

　　普布里其之诉并不是被用于剥夺所有权人之物，支持其的第一个理由是公平，其后是"如果该物不属于占有人"的抗辩；这是因为在善意的情况下购买并且以此名义获得占有的人【相对于他人】更应该拥有该物。

III

SI AGER VECTIGALIS, ID EST
EMPHYTEUTICARIUS, PETATUR

D. 6. 3. 1pr.   *Paulus libro vicensimo primo ad edictum*

Agri civitatium alii vectigales vocantur, alii non. vectigales
vocantur qui in perpetuum locantur, id est hac lege, ut tamdiu
pro his vectigal pendatur, quamdiu neque ipsis, qui condux-
erint, neque his, qui in locum eorum successerunt, auferri eos
liceat: non vectigales sunt, qui ita colendi dantur, ut privatim
agros nostros colendos dare solemus.

D. 6. 3. 1. 1

Qui in perpetuum fundum fruendum conduxerunt a municip-
ibus, quamvis non efficiantur domini, tamen placuit competere
eis in rem actionem adversus quemvis possessorem, sed et adversus ipsos municipes,

第三节

当以对物之诉要求一块赋税田，
即永佃权

D. 6, 3, 1pr.　保罗：《论告示》第21卷

属于城市的土地，有些被称做赋税田，有些则不是。被称作赋税田的是指那些被授予永久租赁权的田地，也就是说通过这么一个条款，即只要支付赋税，便不允许收回承租人或其继承人的土地；非赋税田是指那些让别人耕种的土地，就像我们通常私人性质的将土地租给别人耕种一样。

D. 6, 3, 1, 1

从一个自治市那里获得一块用于永久租赁的土地的人，虽然没有变成所有权人，但是赋予其一项对物之诉的诉权以对抗任何占有人，甚至可以对抗自治市本身，

D. 6. 3. 2 *Ulpianus libro septimo decimo ad Sabinum*

ita tamen si vectigal solvant.

D. 6. 3. 3 *Paulus libro vicensimo primo ad edictum*

Idem est et si ad tempus habuerint conductum nec tempus
conductionis finitum sit.

D. 6, 3, 2　乌尔比安：《论萨宾》第17卷

只要他们支付赋税。

D. 6, 3, 3　保罗：《论告示》第21卷

如果租赁是有期限的并且期限还未届满，则适用相同的规范。

译 后 记

《学说汇纂》第六卷和第八卷的翻译几乎是同时进行、同时完成的，连出版亦是一起的。因而，我便将个人感想与鸣谢留在第八卷的后记中表达，在此说明一下翻译中的一些问题。

在翻译这两卷的过程中，最大的困难莫过于寻找中文对应词汇的表述了。拉丁文的很多表述，在现代意大利语中都很难找到特别贴切的词作为对应，更别说用中文这一东方语言来翻译了，因此很多时候只能在众多接近的词语中寻找最接近的那个。除了找词困难之外，另外一个是逻辑思维与表达思维方面的差别。第三个困难在于拉丁语句子的简化。由于当时书写载体的珍贵，这些文献都是用非常简短的语句表达的，很多时候省略了上下文背景。对这些文献的翻译，很大程度上需要重构该文献片段的大环境与小环境，然后结合所在的章节来判断论述的内容或者阐明的规则。如果仅仅翻译字面意思，往往会变成莫名其妙的一句话。因此，在翻译这两卷之时，根据斯奇巴尼教授的指导，我先阅读了近现代罗马法学家们对相关问题进行论述的专著或者教科书，以便对第六卷与第八卷涉及的内容有个大概的了解。

经过初稿的翻译与多次自我修改，最后和纪蔚民（Giuseppe Terracina）博士进行了译文的校对工作。在校对过程中，绝大部分的译文是直接按照拉丁文来校对的，在遇到我们两人的理解发生重大分歧之时，我们也参考了两个意大利文版本、一个西班牙文版本和一个英文版本的译本。在参考这些译本之后仍然无法解决的疑问，则向贝特鲁奇（Aldo Petrucci）教授与斯奇巴尼（Sandro Schipani）教授请教。

此两卷的翻译，除了我个人的努力之外，还倾注了纪蔚民博士的心血。同时，斯奇巴尼教授、贝特鲁奇教授与费安玲教授三人也给了我们很多的外部支持。

此两卷的翻译，也是站在前人的肩膀上完成的。感谢黄风教授的《罗马法词典》，很多术语都是直接借用他的译法；前辈范怀俊先生多年前翻译的《民法大全选译》之《物与物权》中，已经涉及了此两卷的很多片段。在翻译中，我也借用、参考了他的翻译。

最后要说明的是，近二十年以来，参加罗马法原始文献中文翻译工作的人有近十位了。在意大利方面的斯奇巴尼教授与纪蔚民博士的协调下，翻译工作是较为系统地开展的，后来者都是借鉴前辈的成果。但是由于每个人都有自己的翻译风格、选词偏好，部分法学家人名、作品及部分术语的翻译，还是出现了一些一词多译的现象。为了尽量达到译名的统一，此两卷的译文中，人名、作品名与术语的翻译，主要参考的是黄风教授的《罗马法词典》与罗智敏博士的《学说汇纂》第一卷中的译法。

　　我始终记得斯奇巴尼教授送给我的一句警句
"Traduttore è tradittore（翻译者也是背叛者）"。他送我这
句话，就是要我警惕在翻译中过多地将译者的个人见解
带入译文，即使这种"带入"在事实上是不可避免的。
前人严复先生总结了"信"、"达"、"雅"这三个标准，
但本人才疏学浅，在此两卷的翻译中，不得不承认没有
达到这些标准。在校对的过程中，我一直是在忠于原文
意思与句式结构（句式结构在很多程度上反映了作者的
逻辑思维模式）和中文顺畅这两者之间徘徊。

　　尽管我花了整整五个月的时间来完成此两卷的翻译
与校对工作，但是其中的错误之处肯定还是不少。除了
文责自负之外，非常欢迎读者指出译文中的错误。

　　最后我还要简单的罗列一下我要感谢的人：恩师费
安玲教授、斯奇巴尼（Sandro Schipani）教授、纪蔚民
（Giuseppe Terracina）博士、贝特鲁奇（Aldo Petrucci）
教授、卡尔迪利（Riccardo Cardilli）教授、薛军副教授、
罗智敏博士、博士生翟远见、中国政法大学民商经济法
学院特别是民法研究所的各位领导以及我的家人。感谢
他们在这些年来对我学习、生活、工作的支持。

陈　汉

2009 年 8 月于海淀世纪城

图书在版编目（CIP）数据

学说汇纂. 第6卷, 原物返还之诉 / 陈汉译. 一北京: 中国政法大学出
版社, 2009.10

ISBN 978-7-5620-3573-2

Ⅰ.学... Ⅱ.陈... Ⅲ.罗马法 － 文集 Ⅳ.D904.1-53

中国版本图书馆CIP数据核字(2009)第174469号

书　　名	学说汇纂.第6卷
出 版 人	李传敢
出版发行	中国政法大学出版社(北京市海淀区西土城路25号)
	北京 100088 信箱 8034 分箱　　邮政编码 100088
	zf5620@263.net
	http://www.cuplpress.com(网络实名: 中国政法大学出版社)
	(010)58908325(发行部) 58908285(总编室) 58908334(邮购部)
承　　印	固安华明印刷厂
规　　格	880×1230　32 开本　4.875 印张　70 千字
版　　本	2009 年 11 月第 1 版　2009 年 11 月第 1 次印刷
书　　号	ISBN 978-7-5620-3573-2/D · 3533
定　　价	14.00 元